Walther Lotz

Verkehrsentwicklung in Deutschland 1800-1900

Salzwasser

Walther Lotz

Verkehrsentwicklung in Deutschland 1800-1900

1. Auflage | ISBN: 978-3-84608-356-7

Erscheinungsort: Paderborn, Deutschland

Erscheinungsjahr: 2015

Salzwasser Verlag GmbH, Paderborn.

Nachdruck des Originals von 1910.

Aus Natur und Geisteswelt
Sammlung wissenschaftlich-gemeinverständlicher Darstellungen
===== 15. Bändchen =====

Verkehrsentwickelung in Deutschland 1800–1900

(fortgeführt bis zur Gegenwart)

Sechs volkstümliche Vorträge über Deutschlands Eisenbahnen und Binnenwasserstraßen, ihre Entwickelung und Verwaltung, sowie ihre Bedeutung für die heutige Volkswirtschaft von

Prof. Dr. Walther Lotz

Dritte verbesserte Auflage

Druck und Verlag von B. G. Teubner in Leipzig 1910

Vorwort zur 1. Auflage.

Im Oktober 1899 hielt ich einen sechsstündigen Vortragszyklus über „Ausgewählte Kapitel der Verkehrspolitik" auf Einladung der Oberschulbehörde in Hamburg ab. Im November 1899 wurden diese Vorträge auf Wunsch des Münchener Volkshochschulvereins in München wiederholt. Diese volkstümlichen Vorträge, mit einigen Erweiterungen und Zusätzen versehen, werden jetzt auf Wunsch der Firma B. G. Teubner im Druck veröffentlicht.

Es wird durchaus nicht der Anspruch erhoben, daß hier für den Fachmann Neues geboten werde. Zweck dieser Veröffentlichung kann vielmehr nur gemeinverständliche Zusammenfassung wissenschaftlich feststehender Ergebnisse der Forschungen vieler Fachgenossen sein. In der Aufführung der Literatur erschien mit Rücksicht auf den Zweck Beschränkung auf das Notwendigste geboten. Dennoch glaube ich nicht dem Vorbilde derjenigen folgen zu sollen, welche aller Zitate sich enthalten. Vor allem da, wo Ziffernangaben mitgeteilt werden, scheint es mir auch in volkstümlichen Schriften eine Pflicht, dem Leser diejenigen Quellen von Fall zu Fall genau zu nennen, die leicht zugänglich sind. Es ist dies nicht bloß eine Pflicht der Dankbarkeit, sondern auch von Bedeutung für die Feststellung, wen bei etwaigen Irrtümern die Verantwortung trifft. Vielleicht wird auch der Zweck erreicht, daß einzelne Leser dieser Vorträge sich veranlaßt sehen, eines oder das andere der aufgeführten Spezialwerke selbst zur Hand zu nehmen.

Trotzdem es sich hier keineswegs um wissenschaftliche Entdeckungen handelt, widme ich diese volkstümlichen Vorträge einem Gelehrten. Außer dem Wunsche, herzliche Freundschaft und Verehrung zum Ausdruck zu bringen, bestimmen mich hierzu Rücksichten auf den besonderen Gegenstand dieser Schrift. Ist es doch Lujo Brentano, der die in diesen Vorträgen erörterten Wirkungen der Verkehrsmittel auf die wirtschaftliche und soziale Verfassung seit vielen Jahren in Wort und Schrift lebhaft betont und dadurch auch mich angeregt hat. Aber nicht nur an den Forscher, sondern auch an den eifrigen Förderer der Münchener Volkshochschulbewegung wendet sich diese Widmung. Den Gelehrten, der selbst alle Kraft daran setzte, die Ergebnisse der Wissenschaft dem Bürger und dem Arbeiter mitzuteilen, bitte ich, diese Schrift freundlich entgegenzunehmen, die ein an sich sprödes, aber für Deutschland praktisch wichtiges Thema ohne Anspruch auf Originalität, jedoch gemeinverständlich und unparteilich zu behandeln sucht.

München, im März 1900.

W. Lotz.

Vorwort zur 3. Auflage.

In der 3. Auflage ist wie schon vorher in der 1905 erschienenen zweiten die Statistik weitergeführt, einiges im einzelnen gekürzt und zugesetzt worden.

München, im Dezember 1909.

W. Lotz.

Inhaltsverzeichnis.

Erſter Vortrag.

Verkehrstechnik und Verkehrsleiſtung am Anfange des 19. Jahrhunderts.

A. Zu Vortrag 1 bis 6: Literatur über Verkehrsweſen im allgemeinen.

Sax, E., Die Verkehrsmittel in Volks- und Staatswirtſchaft. 2 Bde. Wien 1878/79. (Abgekürzt Sax.)

Sax, E., Transport- und Kommunikationsweſen in Schönbergs Handbuch d. pol. Ökonomie. Bd. I.

Handwörterbuch der Staatswiſſenſchaften. 3. Aufl. (Abgekürzt HWB.)

v. d. Borght, R., Das Verkehrsweſen. Leipzig 1894.

Wörterbuch der Volkswirtſchaft, herausgegeben von Elſter. 2 Bde. Jena 1898. (Abgekürzt Elſters Wörterbuch.)

Cohn, Guſtav, Nationalökonomie des Handels und des Verkehrsweſens. Stuttgart 1898.

Philippſon, F. C., Handel und Verkehr im neunzehnten Jahrhundert. Berlin 1899.

Cauwès, Paul, Cours d'économie politique. 4. Bd. 3. Aufl. Paris 1893.

Handbuch der Wirtſchaftskunde Deutſchlands, herausgegeben im Auftrage des deutſchen Verbandes f. d. kaufm. Unterrichtsweſen. Bd. 4. Leipzig 1904.

Sombart, Werner, Die deutſche Volkswirtſchaft im neunzehnten Jahrhundert. Berlin 1903. S. 277ff., 579ff.

Wagner, Adolf, Theoretiſche Sozialökonomik oder Allgemeine und theoretiſche Volkswirtſchaftslehre. II. Abteilung. I. Bd.: Kommunikations- und Transportweſen. Leipzig 1909.

B. Literatur zu Vortrag 1 insbeſondere.

Götz, W., Die Verkehrswege im Dienſte des Welthandels. Stuttgart 1888.

Brentano, L., Über die Urſachen der heutigen ſozialen Not. 2. Aufl. Leipzig 1889.

Hudemann, E. E., Geſchichte des römiſchen Poſtweſens während der Kaiſerzeit. 2. Aufl. Berlin 1878.

Merckel, Curt, Die Ingenieurtechnik im Altertum. Berlin 1899.

Schäfer, W., Urſprung und Entwickelung der Verkehrsmittel. Dresden 1900.

Heynen, Reinhard, Zur Entſtehung des Kapitalismus in Venedig. Stuttgart und Berlin 1905.

Huber, F. C., Die geſchichtliche Entwickelung des modernen Verkehrs. Tübingen 1893.

M. M. v. Weber, Die Wasserstraßen Nordeuropas. Leipzig 1881.
Schulte, Alois, Geschichte des mittelalterlichen Handels und Ver-
    kehrs zwischen Westdeutschland und Italien mit Ausschluß von
    Venedig. 2 Bde. Leipzig 1900.
Wanka, Oskar, Edler v. Roblow, Die Brennerstraße im Altertum
    und Mittelalter. Prag 1900. (Heft 8 d. Prager Studien.)
Ohmann, Fritz, Die Anfänge des Postwesens und die Taxis.
    Leipzig 1909.

I. Einleitung.

Gewaltige Umwälzungen vollziehen sich in der Gegenwart in den
wirtschaftlichen Beziehungen der Völker zueinander, in den gegenseitigen Beziehungen der einzelnen Gesellschaftsklassen, in dem Verhältnis zwischen Landwirtschaft und Gewerbe in den verschiedensten
Ländern, in der Art zu arbeiten und fremde Arbeit zu verwerten,
im wirtschaftlichen Denken und Handeln.

Nahe liegt es, die Erklärung dieser staunenswerten Umwälzungen
ausschließlich in einem einzigen Umstande zu suchen, in der Anwendung der Fortschritte der Chemie und Physik auf das Gewerbe,
vor allem in der Verdrängung der Handarbeit im gewerblichen
Produktionsprozeß durch mechanische Kraft.

So wichtig diese viel gewürdigten Vorgänge sind, so genügt doch
die Umwälzung der industriellen Technik nicht allein zur Erklärung
der wirtschaftlichen und sozialen Veränderungen der neuesten Zeit.
Es bleibt die Frage: Was hat denn die Menschen, die im Mittelalter
jahrhundertelang jeder Änderung des Herkömmlichen feindlich waren
und mitunter auch heute feindlich sind, gezwungen, die neuen Er-
findungen im gewerblichen Leben sich anzueignen, wenn sie nicht
zugrunde gehen wollten?

Und die weitere Frage bleibt: Weshalb erleben wir auch in der
Landwirtschaft, deren Technik sich nicht so frühzeitig und gewaltsam
wie die der Industrie änderte, weshalb erleben wir auch im Groß-
und Kleinhandel eine nicht bloß durch Maschinenverwendung erklär-
bare Umwälzung des Überkommenen?

Angesichts dieser Fragen kam man zu der Erkenntnis, daß außer
der Umwälzung der gewerblichen Technik etwas anderes in der
Volkswirtschaft revolutionierend wirken müsse. Was kann aber
schon vor dem gewerblichen Umschwung den ersten Anstoß zur
Änderung gegeben haben?

Dies ist die Veränderung in den Verkehrsmitteln. Die
Ingenieure des Verkehrswesens leiteten die Revolution ein, die

die Fabriktechniker weiterführten. Gibt man nun auch bereitwillig zu, daß im 19. Jahrhundert die Anwendung von Dampf und Elektrizität den größten Einfluß auf den Verkehr zu Wasser und zu Lande geübt hat, so ist hiermit die Aufgabe, die Ursachen bloßzulegen, noch nicht gelöst. Genauere Betrachtung zeigt, daß den modernen Umwälzungen eine Vorbereitungszeit von mehr als dreihundert Jahren vorausging, in welcher die Verkehrsmittel und die Menschen sich so sehr geändert haben, daß man diese Änderung überhaupt kaum überschätzen kann.

Das bahnbrechende Jahrhundert für die Entstehung der modernen Volkswirtschaft war die Zeit von 1450—1550. Die Ereignisse, welche die moderne Geschichte einleiten und auch von Adam Smith (1776) schon in ihrer volkswirtschaftlichen Wirkung voll gewürdigt wurden, waren die Entdeckung von Amerika und des Seewegs nach Ostindien.

Man pflegt die Geschichte des Mittelalters mit dem Zeitalter des „letzten Ritters", des Kaisers Maximilian I. (1493—1519) als beendet anzusehen. Man spricht davon, daß eine „Volkswirtschaft" im Gegensatz zur Naturalwirtschaft[1]) und zur Stadtwirtschaft erst seit dem 16. Jahrhundert existiere. Die zwei Neuerungen, welche die Zeit um 1500 erlebte, waren erstens eine politische: das Zusammenfassen größerer Gebiete unter einheitlicher Regierung und einheitlicher Wirtschaftspolitik; zweitens eine wirtschaftliche: die Umwälzung der Verkehrsmittel und in deren Gefolge die beginnende Herrschaft der wechselnden Konjunktur im Wirtschaftsleben, d. h. ein fortwährendes Schwanken der Absatzverhältnisse statt gleichbleibender vom Herkommen beherrschter Zustände.

II. Übersicht über die Hauptfortschritte in den Verkehrsmitteln zwischen 1500 und 1800.

Die Veränderungen in den Verkehrsmitteln, welche die Zeit 1500—1800 gegenüber dem Mittelalter gebracht hat, sind von zweierlei Art: die einen bedeuten ein Wiederaufleben antiker Kultur;

---

1) Unter „Naturalwirtschaft" versteht man diejenige Wirtschaftsstufe, in welcher nicht für den Verkauf, sondern überwiegend für den Bedarf der eigenen Wirtschaft oder derjenigen eines Grundherrn gearbeitet wird. So war der Zustand Deutschlands im 9. und 10. Jahrhundert. Ein Produzieren für den Austausch entwickelte sich dann mit dem Aufkommen der Städte zunächst innerhalb der Städte und zwischen Stadt und Land.

diese Veränderungen knüpfen vor allem an die Verkehrsleistungen des Römerreiches an, die im Mittelalter nicht wieder erreicht worden waren. Die zweite Gruppe von Veränderungen bedeutet einen Fortschritt selbständiger Art, weit über das Höchste dessen hinaus, was im klassischen Altertum erreicht worden war.

1. Ein Wiederaufleben, eine Renaissance der Kultur des Altertums im Verkehrswesen zeigt sich im Fortschritt des Landverkehrs.

a) Das Römerreich war in der Kaiserzeit von einem Netze zum Teil vorzüglicher Straßen durchzogen, auf denen ein staatlicher Postdienst — allerdings nur für die Zwecke der Staatsregierung — die Beförderung in erstaunlich kurzer Zeit ermöglichte. Nicht umsonst schätzt man den Kulturzustand eines Landes nach dessen Straßen. Noch bis heute haben sich auch in Deutschland und Österreich unverwüstliche Reste des römischen Straßennetzes erhalten, so z. B. bei München Reste der Straße von Salzburg nach Augsburg, bei Deutsch-Altenburg Reste der an Carnuntum vorbeiführenden Römerstraße. Überall gaben Meilensteine die Entfernung vom milliarium aureum auf dem forum romanum an. Auf 140 000 km berechnet man in der späteren Kaiserzeit die Ausdehnung des Straßennetzes im römischen Weltreiche.[1])

Demgegenüber hatte die Verfassung der Straßen im Mittelalter in Europa einen gewaltigen Rückschritt gemacht. Der Zustand der Verwahrlosung der Landstraßen, auf denen der Reisende um 1500 vielfach nur reiten, nicht fahren konnte[2]), war noch um so unerfreulicher durch die Unsicherheit und Kostspieligkeit des Landtransports. Glücklich, wer von räuberischen Überfällen verschont blieb; aber dafür hatte der Kaufmann Geleitsgelder an die ihn schützende Obrigkeit, Zölle der verschiedensten Art an die feudalen Machthaber, die meist nichts dafür leisteten, zu entrichten: Lasten, die den ohnehin kostspieligen Transport auf dem Landweg verteuerten.

Aus denselben Gründen wie die römischen Cäsaren beginnen die Fürsten vor allem seit dem 17. Jahrhundert mit dem Bau von Kunststraßen: ohne solche gibt es keine Möglichkeit, die Infanterie schnell auf größere Entfernungen zu bewegen, ohne Straßen keine

---

1) Huber, S. 36.
2) Der Gütertransport geschah auf kleinräderigen Karren oder auf Saumtieren; für den Transport von Personen wurde das Fahren erst seit Verbreitung der Kutschen, die seit dem 15. Jahrhundert begegnen, erträglich. Vgl. Götz S. 554.

Möglichkeit, durch abhängige Zivilbeamte ein größeres Reich nach einem Willen zu regieren.

Im 17. Jahrhundert ist es Frankreich, dessen Regierung im Straßenbau allen anderen voransteht[1]), im 18. Jahrhundert folgen die Habsburger und einzelne deutsche Fürsten nach. In England beginnt der private Unternehmungsgeist, sich Ende des 18. Jahrhunderts, also recht spät, im Bau guter Straßen zu betätigen. Deutschland gehörte nach dem Urteil weitgereister Männer um 1800 zu den Ländern mit noch recht schlechten Landwegen.[2]) Die Leistungen antiker Kultur waren auf diesem Gebiet noch keineswegs völlig erreicht.[3]) Vielfach hat erst der Einfluß Napoleons I. bessere Straßen in Deutschland anfangs des 19. Jahrhunderts erzwungen.

b) In einem anderen Punkte als im Straßenbau war indes Mitteleuropa — auch einschließlich Deutschlands — dem römischen Verkehrswesen bis 1800 schon gleichgekommen, ja erheblich vorangeeilt. Um ein großes Reich nach einheitlichen Gesichtspunkten durch absetzbare Beamte zu regieren, bedarf es eines regelmäßigen Nachrichten- und Personen-Transport-Dienstes mindestens für staatliche Zwecke, eines Postwesens. Im römischen Reiche hatte es einen Postdienst gegeben mit Relaisstationen[4]), der jedoch nicht gegen Entgelt für jeden Privaten, insbesondere nicht für privaten Schriftwechsel zu benutzen war. Es war eine Einrichtung für Staatsbeamte, deren unentgeltliche private Benutzung wohl einmal hie und da durch kaiserliche Gnade einem hochgestellten Manne gestattet wurde.

Der Postdienst war jedoch nicht auf entgeltliche Massenbenutzung im Römerreiche eingerichtet. Vorspanndienste und sonstige Leistungen für die Post waren Staatsfronden. Die Anwohner von römischen Poststraßen fürchteten die Posteinrichtung, statt sie mit Freude

---

1) Um 1789 besaß Frankreich ein Netz von Kunststraßen von 40 000 km (Cauwès IV, S. 43), also etwa so groß wie 1888 das deutsche vollspurige Eisenbahnnetz.

2) In dem 1803 annektierten ehemaligen Bistum Münster waren die Wege so schlecht, daß der Kammerpräsident v. Vincke bei Eröffnung des Kleve-Märkischen Landtags 1805 es vorzog, die 4¾ Meilen lange Strecke von Münster bis Hamm zu Fuße zurückzulegen. HWB. III, S. 807.

3) Eine der wesentlichsten Verbesserungen des Chausseebaus, das nach Mac Adam (John Loudon Mac Adam 1756—1836) benannte Macadamisieren, hat sich erst im 19. Jahrhundert verbreitet.

4) d. i. Stationen mit ständiger Ausrüstung an Material zum Pferdewechsel.

zu begrüßen. Brachte ihnen doch der Postverkehr keinen Vorteil, sondern nur Lasten, oft sogar Verarmung.[1]

Demgegenüber stellt sich die Staatspost, die sich etwa seit 1500 in Deutschland und Frankreich entwickelt, wenn auch durch ähnliche Regierungsbedürfnisse wie im Römerreich hervorgerufen, als wirtschaftlich heilsam für die Völker heraus. Die Beherrscher großer Reiche brauchen einen Postdienst für Regierungszwecke, so vor allem die Habsburger, um Nachrichten fortwährend zu empfangen und Befehle zu erteilen. Aber die landesherrliche oder vom Landesherrn mit Vorrechten ausgestattete private Postverwaltung (wie die der Familie Taxis im Deutschen Reiche) übernimmt es auch, Briefe für das Publikum gegen Entgelt zu befördern[2]); sie übernimmt es im Laufe des 17. Jahrhunderts, in Kutschen Passagiere zu transportieren, endlich in Deutschland auch verpackte Stückgüter regelmäßig zu befördern.[3]) Und wie die Post Einnahmen durch das Entgelt der Privaten empfängt[4]), so bestreitet sie ihren Verwaltungsbedarf mit Bezahlung ihrer Gespanne und Beamten, nicht durch erzwungene unvergoltene Dienste und Spannfronden wie die römische Staatspost.[5])

2. Knüpft die Verkehrsentwickelung im Landverkehr bis 1800 an Errungenschaften der antiken Kultur durch Straßenpflege und staatliche Postorganisation an, so schreitet sie über das Maß des im Altertum Erreichten in anderen Dingen, vor allem im Schiffahrtsverkehr, weit hinaus. Sowohl in der Binnenschiffahrt wie

---

1) Huber, S. 43—46; ferner Hudemann, S. 52, 53, 77; Mommsen, Röm. Staatsrecht, Leipzig 1887, Bd. 2, S. 1030, hebt hervor, daß, wenigstens für Italien, zeitweise geldwirtschaftliche Deckung der Kosten der Straßenunterhaltung und des Postbetriebs aus der Staatskasse statt der Requisitionen und Fronden begegnet.

2) Unter Heinrich III. in Frankreich 1576 wurde Privaten die Benutzung der Post gestattet. Götz, S. 720. Vgl. die genaueren Ausführungen über die französische Entwickelung seit 1461 bei Ohmann, S. 39 ff.

3) Götz, S. 725. Anfang des 18. Jahrhunderts beschwerte sich Nürnberg beim Reiche lebhaft über die hierdurch seinen Fuhrleuten erwachsende Konkurrenz. Vgl. J. E. v. Beust, Versuch einer ausführlichen Erklärung des Postregals usw. Bd. I. Jena 1747. S 154 ff., bes. S. 159. Näheres über die Zulassung der Privaten zur Benutzung der Taxisschen Post bei Ohmann, S. 174 ff.

4) Freilich häufig mit gehässiger Ausübung des Postmonopols.

5) Für den Bau der Straßen, die die Post benutzte, wurde jedoch im 18. Jahrhundert in Frankreich die corvée (Frondienst) in Anspruch genommen.

im Seeverkehr wurden die größten und entscheidenden Fortschritte gemacht.

a) Im Altertum und im Mittelalter war die regelmäßige Handels-schiffahrt[1]) der Europäer auf die Küsten Europas, Westasiens und des nördlichen Afrikas beschränkt gewesen. Die Zeit vom Ausgang der Kreuzzüge bis 1500, vor allem das 15. Jahrhundert, schuf bessere Voraussetzungen für die Möglichkeit der langen Fahrt auf hoher See. Erst seitdem man lernt, bloß mit Segeln und unter Hinweg-lassung der Ruder auf hoher See auch bei ungünstigem Winde vorwärts zu kommen, seitdem man statt der Sonne und der Sterne den Kompaß[2]) zur Orientierung benutzen lernt, kann man regel-mäßige ausgedehnte Seereisen auch fern von den Küsten wagen. Man braucht nicht Proviant und Wasser für die große Zahl der Ruderknechte mitzuführen, wenige Mann genügen zur Bedienung der Segelschiffe. Die Zeit von 1450 an ist ausgezeichnet durch das Fortschreiten zum Bau immer größerer Seeschiffe. Die Schiffe der Hanseaten und Holländer im 14. und 15. Jahrhundert waren noch 200-Tonnenschiffe.[3]) Die Karavelle Santa Maria des Columbus soll für 150 Tonnen Ladung gebaut gewesen sein. Anfangs des 16. Jahrhunderts versucht man es schon mit 1000-Tonnenschiffen, die also den größeren, wenn auch nicht größten heutigen Rhein-schiffen sowie den großen Elbkähnen gleichkommen.

Die Weiterbildung der Kunst des Lavierens im 15. Jahrhundert, die Fortschritte der Mathematik und Astronomie, sowie des Karten-wesens liefern nun die Vorbedingungen für die Erfolge der Ent-deckerfahrten der Portugiesen, Spanier, später der Holländer, Eng-länder und der übrigen Nationen.

Es ist der größte geschichtliche Fortschritt, daß die europäische Schiffahrt, bis zum Ausgang des Mittelalters auf Europa, Vorder-asien und Nordafrika beschränkt, von 1500 bis 1800 allmählich den gesamten Erdball umfaßt, den Handel hinaustragend und den Aus-tausch der Kultur und der wirtschaftlichen Erzeugnisse mit den ab-gelegensten Ländern der Welt vermittelnd.

---

1) Von den Ophirfahrten, der Umsegelung Afrikas und den Wikingerfahrten nach Winland abgesehen. Eine besondere Entwickelung weisen Ostasien und Indien auf.

2) Der Kompaß scheint sich zwischen 1190 und 1400 allmählich in Europa verbreitet zu haben.

3) Immerhin wird schon aus dem frühen Mittelalter von sehr großen, lediglich der Segel sich bedienenden Schiffen der Venetianer berichtet.

Ragt hierin die moderne Zeit seit 1500 weit über die Verkehrstechnik des Altertums hinaus, so schuldet die Neuzeit doch auch
hier der antiken Zivilisation Dank. Wie wären die Fortschritte der
Schiffahrt ohne die Fortschritte der Mathematik und Naturkunde[1]
möglich gewesen, und wie wieder die Fortschritte der Mathematik,
Astronomie und Geographie ohne die Wiedererweckung des For-
schungsgeistes, den die Renaissance in Anknüpfung an das Altertum
gebracht hatte?

b) Aber auch in der Binnenschiffahrt zeigt die Entwickelung seit
1500 Fortschritte, welche weit über das beste im klassischen Altertum
Geleistete hinausgehen. Zwar die natürlichen Wasserstraßen, die
Flüsse, sind bis 1800 vielfach noch recht wenig von Menschenhand
verbessert und vom Mittelalter her besonders in Deutschland bis
1800 mit einer Menge künstlicher Hemmnisse belastet gewesen. Wer
auf der Elbe von Hamburg nach Magdeburg fuhr, hatte um 1800
vierzehnmal Zoll zu zahlen, auf dem Main von Bamberg bis Mainz
waren 33 Zollerhebungsstätten. Lästiger noch als die Geldzahlung
war den Schiffern der Zeitverlust, der durch den oft stundenlangen
Aufenthalt an den Zollstätten erwuchs.[2]

Aber der Mensch benutzt die Flüsse doch trotz aller Erschwerungen,
die Schiffahrt vermag die Lasten zu tragen, solange sie nicht mit
Eisenbahnen, sondern mit dem noch immer weit kostspieligeren
Transport auf Landstraßen zu konkurrieren hat.

Ein großer Fortschritt vollzieht sich vor allem in der Erbauung
künstlicher Wasserstraßen, in der Verbindung der Ströme durch
Kanäle.

Im Altertum und Mittelalter konnte man wohl Kanäle im Flach-
lande anlegen.[3] Kanäle mit Überwindung von größeren Uneben-
heiten des Geländes — und hierum handelt es sich in den wichtigsten
Fällen bei Überwindung einer Wasserscheide durch Kanäle — waren
eine Unmöglichkeit.[4] Sie wurden erst durchführbar seit Erfindung

---

1) Auch die Fortschritte des Uhrenbaues waren eine notwendige
Voraussetzung der Vervollkommnung der Schiffahrt.
2) Vgl. J. G. Büsch, Sämtliche Schriften über die Handlung
Bd. II, Hamburg 1824, S. 429, 437.
3) Vgl. Sax I, S. 206.
4) Was man vor Erfindung der Kammerschleuse kannte, war die
einfache Stauschleuse, so bei dem Ende des 14. Jahrhunderts erbauten
Steckenitz-Kanal, dem Vorgänger des Elbe-Trave-Kanals. — Über die
Stauschleusen und deren Nachteil (großer Wasserverlust) vgl. HWB.
2. Aufl., II, 864. Anwendung schon unter Ptolem. II. (286—247 v. Chr.)

der Kammerschleuse, neben der dann das 19. Jahrhundert andere Mittel eine Steigung zu bewältigen geschaffen hat. Um 1450 wird die wichtige Erfindung der Kammerschleuse erwähnt. Um den Ruhm dieser Erfindung streiten sich Italiener und Holländer.

Nachdem der große technische Fortschritt der Kammerschleuse gemacht war, konnten die Franzosen seit dem 17. Jahrhundert[1]), und die Nachahmer von Colberts Wirtschaftspolitik auch in Deutschland, vor allem die brandenburgisch-preußischen Herrscher[2]), es mit dem Ausbau von Schiffahrtskanälen versuchen.[3]) War in Frankreich, Preußen, Rußland der Staat der treibende Faktor, so regte sich dafür in England in der zweiten Hälfte des 18. Jahrhunderts die private Unternehmungslust. Die Zeit des Kanalbaues beginnt hier 1755. Nachdem sich der vom Herzog von Bridgewater erbaute Kanal[4]) (von Worsley über Manchester nach Runcorn am Mersey oberhalb Liverpool) wirtschaftlich und finanziell bewährt hatte, werden viele Aktiengesellschaften begründet, um Kanäle zu erbauen. Bis 1830, bis zum Aufkommen der Eisenbahnen, war in England der Bau von Kanälen eine gewinnverheißende und vielfach auch gewinnbringende Anlage für das Privatkapital. Mitte des 19. Jahrhunderts hatte das britische und irische Kanalnetz eine Ausdehnung von 4300 km erreicht.[5])

---

1) Der berühmteste dieser Kanäle, der die Mittelmeerflüsse mit der Garonne verbindende Kanal von Languedoc, wurde 1668—1684 erbaut. So Sax I, S. 207. (Abweichend HWB., 2. Aufl., V, S. 11.) 1789 hatte Frankreich ca. 1000 km Kanäle mit 116 Mill. Frcs. Aufwand erbaut.

2) 1662—1668 wurde unter dem Großen Kurfürsten der Wasserweg von der oberen Oder zur unteren Elbe, 1740—1746 unter Friedrich dem Großen der Weg von der Elbe zur unteren Oder geschaffen.

3) Der größte Aufschwung des Kanalbaues in Frankreich datiert übrigens erst seit der Zeit Napoleons I., dem wir auch die Anregung zu den heutigen elsässischen Kanälen danken. Bis 1868 hatte es Frankreich auf ein Kanalnetz von 4550 km gebracht. L. Say, Dictionnaire des finances I, S. 851ff.; Annuaire de la statist. de la France 1895/96 S. 363.

4) 1758/65 ist der Bridgewater-Kanal bis Manchester erbaut. Dieser Kanal hat die Kohlen in Manchester um 40 % verbilligt und lieferte eine 20prozentige Verzinsung. Bald wurde die Strecke Manchester-Liverpool zu der ersten von Worsley bis Manchester hinzugefügt. Vgl. M. M. v. Weber, S. 31, 162.

5) Sax I, S. 208.

Die Kanäle[1]) jener Zeit, für Treidelbetrieb zur Konkurrenz mit dem Landstraßentransport erbaut, waren in England wie auf dem Kontinent um 1800 regelmäßig mit beträchtlichen Gebühren belastet. Daß diese leicht ertragen werden konnten, wird um so begreiflicher, wenn wir bedenken, daß auch der Landstraßenverkehr überall[2]) um 1800 beträchtlichen Straßenabgaben unterworfen war.

III. Wirtschaftliche Wirkungen der Verkehrsfortschritte seit 1500 auf die Weltkonkurrenz in gewerblichen Massenerzeugnissen.

Weshalb ist man berechtigt, angesichts einer Verkehrsentwickelung, die im Landstraßenwesen eine Renaissance antiker Kultur, im Postwesen einen Fortschritt gegen alle früheren Zeiten, in der Seeschiffahrt und in beschränkterem Maße in der Binnenschiffahrt völlig neue Errungenschaften aufweist, von 1500 ab eine neue Zeit zu rechnen? Weshalb ist man berechtigt zu sagen, daß die Verkehrsumwälzung und damit die Wirtschaftsumwälzung, welche die neue Zeit einleitet, schon vor dem 19. Jahrhundert begonnen hat?

Antworten wir in einem einzigen Satz: Ein Verkehr in einigen wohlfeilen Massengütern war auf große Entfernungen ermöglicht, wenigstens soweit der Wassertransport in Betracht kommt; damit entstand in einzelnen Artikeln die Weltkonkurrenz, die Verschiebung der Absatzverhältnisse, welche wenigstens im gewerblichen Leben an Stelle des Herkommens in der Wirtschaft das Streben nach dem möglichst großen Gewinn, an Stelle gesicherter Absatzbedingungen den internationalen Kampf um den Absatzmarkt mit Hilfe der billigsten Produktionskosten anbahnen sollte.[3])

---

1) In Österreich-Ungarn: Einziger größerer bis 1800 vorhandener Kanal, der Bács- oder Franzens-Kanal (108 km), 1793 bis 1801 erbaut. Näheres HWB., 1. Aufl. Suppl. I, 508. — Vgl. jedoch Say I, S. 208 und HWB. 2. Aufl., VII, S. 14, über den schon 1734 erbauten Bega-Kanal.

2) Nur Frankreich bereitet zunächst die Abschaffung der Straßenabgaben seit der Revolution vor.

3) Vgl. hierzu insbesondere L. Brentano, Über die Ursachen der heutigen sozialen Not. — Huber (HWB., 2. Aufl., VII, S. 410) bezweifelt die hier betonte Bedeutung der Verkehrsfortschritte 1500 bis 1800, irrt jedoch in Unterschätzung des Wasserverkehrs und greift einen Satz an, den ich in dem von ihm zitierten Wortlaut gar nicht ausgesprochen habe.

Im Altertum und im Mittelalter gab es für die damalige Welt bereits einen Welthandel. Aber was konnte nur Gegenstand des Transports auf große Entfernungen sein? Vor allem solche Güter, von denen eine kleine Gewichtseinheit am Verkaufsplatze einen hohen Preis erzielte. Dies sind aber nicht Gegenstände des Massenverbrauchs, sondern überwiegend Gegenstände des Verbrauchs der kirchlichen und weltlichen Großen, sowie der wohlhabenderen Bürger, Gegenstände des Verbrauchs einer zahlungsfähigen Minderheit.

Die Transportfähigkeit der Güter erreicht stets ihre alleräußerste Grenze, wo die Transportkosten den Verkaufspreis aufzehren. Bei Gütern, deren Erwerbung am Gewinnungsort beträchtliche Kosten macht, ist die Grenze der zulässigen Transportkosten natürlich erheblich unter dem möglichen Verkaufspreis. Die Transportkosten auf große Entfernungen waren im Altertum und im Mittelalter so groß, daß man geringwertige Massengüter nur, wo der Wasserweg verwendbar war, und auch dann nicht auf allzu weite Entfernungen verfrachten konnte. Bei den Gütern aber, die auf große Entfernungen transportiert wurden: Bernstein, seidenen und kunstvollen, damals teueren, baumwollenen Geweben, Wollentuchen, Edelmetallen und Juwelen, Spezereiwaren, Wolle, Eisen, Zinn, und dem damals sehr teueren Salz handelt es sich um Monopolartikel einzelner Gegenden, die von den Käufern hoch bezahlt wurden. Gefahr und Kosten des Transportes waren groß, nicht minder groß aber auch der Nutzen am einzelnen Stück, der nach glücklicher Reise vom Kaufmann genommen wurde. Ob der Einkaufspreis ein paar Pfennige höher oder niedriger am Gestehungsorte war, dies spielte eine sehr geringe Rolle gegenüber den Frachtkosten und den Gewinnsätzen des Handels. 200—300 Proz. Aufschlag beim Verkauf gegenüber dem Einkaufspreise war nichts seltenes[1] bis 1500; dafür wurde das Kapital selten umgesetzt. In den Fällen, in welchen mittelalterliche Städte für die Ausfuhr in ferne Länder arbeiteten, wie Ulm als Barchentproduzent, Venedig als Seidenindustrieplatz, Florenz und Gent als Tuchproduktionszentren, war die Hauptsache, sehr gute Ware in herkömmlicher Qualität, aber nicht in sehr großen Mengen — verglichen mit heute — zu liefern. Diese Produkte fanden ihren Weg als Kostbar-

---

1) Auch W. Sombart, Der moderne Kapitalismus, Bd. I, Leipzig 1902, S. 220ff., gesteht die hohen Preisaufschläge zu, er bezweifelt im Gegensatze zu anderen jedoch, daß dies hohe Gewinnsätze bedeutet habe.

leiten[1]) weithin. Die Technik zu ändern, um andere zu unterbieten, war nicht nötig. Alles widerstrebte dem Ändern der Technik, aber auch dem Unterbieten im Preis. Nur kostbare Dinge lohnten weiten Landtransport.

Wer Alltagsware herstellte oder im Handel vertrieb, wer für die kleinen Leute arbeitete, dem war noch im Mittelalter überwiegend der lokale Markt gesichert: so der Landwirtschaft, soweit sie Lebensmittel überhaupt für den Verkauf produzierte, so dem gewöhnlichen Handwerker, so auch dem Krämer und sonstigen Kleinhändler. Die Rechtsordnung schloß unter diesen Verkäufern im ganzen Mittelalter ebenso das Unterbieten wie auch die Abweichung von den Grundlagen der herkömmlichen ehrbaren, aber primitiven handarbeitenden Technik aus. Auf dem Lande war bei der herrschenden bäuerlichen Unfreiheit die Bindung an das Herkömmliche noch weit mehr als im städtischen Gewerbe wirksam.

Daß das Recht tatsächlich den Zweck erreichte, den Zustand des Beharrens zu begünstigen, war nur möglich, solange und insoweit die teuren Frachten die Konkurrenz der Alltagswaren von den einzelnen örtlichen Distrikten fernhielten.

Nehmen wir ein Beispiel, dessen Anschaulichkeit jedem durch Deutschland Wandernden heute noch entgegentritt. In den rauhesten Gegenden Deutschlands, wo man heute nicht einmal Speisetrauben mehr zieht, waren im Mittelalter vielfach Weinberge angelegt. Ein unendlich saurer Wein mag da gekeltert worden sein. Man bedurfte aber des Weins für kirchliche Zwecke und wünschte ihn auch sonst nicht zu entbehren. Wein wurde zwar im Mittelalter auf respektable Entfernungen noch transportiert. Aber durch seine Wohlfeilheit war der saure einheimische Wein bei teuren Frachten vor der Konkurrenz besserer Sorten wenigstens bei den minder Begüterten gesichert. Vor allem die Verbesserung der Verkehrsmittel erst hat die Weinkultur in ungeeigneten Lagen zu nichte gemacht.[2])

So wie dem sauren Wein weltabgelegener Produktionsgebiete erging es nun einer ganzen Reihe von Artikeln bei dem Umschwunge

1) Immerhin ist bemerkenswert, daß z. B. Heringe im Mittelalter auf sehr große Entfernungen transportiert worden sind, ebenso auch Bier; letzteres wohl vorwiegend für den Genuß von Wohlhabenderen.

2) Unsicher ist, ob eine so große Verschlechterung des Klimas stattgefunden hat, daß auch diese zum Aufhören des Weinbaus, z. B. in Ostdeutschland, mitwirkte.

der Verkehrsmittel zwischen 1500 und 1800. Zunächst wurden eine große Anzahl Waren, die früher nur ein kostbares Genußmittel weniger Reicher gewesen waren, Massenverbrauchsartikel bei verminderten Frachtkosten. So die Kolonialwaren, die — von der wechselnden Konjunktur seit 1500 beherrscht — den Charakter im Preis lebhaft schwankender Waren annahmen und durch die Tatsache des Preisschwankens zu Spekulationen, Ringbildungen usw. um 1520 bereits Anlaß gaben (Ingwer, Pfeffer, Gewürznelken).

Die Kolonialwaren bringen noch nicht der herkömmlichen heimischen Produktion fühlbare Konkurrenz. Ein empfindlicher Wettbewerb erwächst jedoch der vom Herkommen geschützten Betriebsweise, als gewerbliche Produkte zu Preisen, die den Massenverbrauch ermöglichen, infolge besserer Transportverhältnisse, angeboten werden. In zweierlei Weise macht 1500—1800 die gewerbliche Konkurrenz sich geltend.

Gewerbetreibende, welche für den Fernabsatz Gewebe mit herkömmlicher Technik, aber kostspielig herstellen, werden aus ihren Absatzgebieten verdrängt, indem andere billigere und neumodische Waren dort Konkurrenz machen. Anderseits wird der Absatz am Ort, wie er als Monopol von den einheimischen Handwerkern und Kleinkaufleuten bisher behauptet worden war, durch fremde Ware, die wohlfeiler produziert wird und mit Hilfe verbesserter Verkehrsmittel hereinkommt, nunmehr bedroht. Beharrlich bezeichnet man die fremde wohlfeilere Ware als schlechter denn die einheimische. Ebenso beharrlich findet jene aber auch Käufer trotz aller dagegen ergriffenen Maßregeln.

Als Vorstufe des mechanischen Großbetriebes verbreiten sich im 16. bis 18. Jahrhundert vielfach andere, ebenfalls schon kapitalistische Produktionsmethoden im Gewerbe, deren Produkte den handwerksmäßigen Konkurrenz machen: die vereinzelt schon im Mittelalter angebahnte Hausindustrie oder das Verlagssystem einerseits, die Manufaktur anderseits. Zunächst noch ohne Verwendung mechanischer Kraft, mit Handarbeit, aber unter besserer Ausnutzung der Arbeitsteilung als im Handwerk wird produziert: bei der Hausindustrie in den Heimstätten der Arbeitenden, bei der Manufaktur in den Räumen des Verlegers. Der Kapitalist nimmt Gefahr und Gewinn des Vertriebs der Ware nach fernen Märkten auf sich. Nicht für den benachbarten Kunden wie überwiegend im mittelalterlichen Betriebe, sondern für den Markt wird gearbeitet.[1]) Es gilt zu kalkulieren, wie man billiger liefern kann als andere. Am Ende dieser Periode ringt sich, durch Hausindustrie und Manufaktur vorbereitet, in England die mit mechanischem Betriebe arbeitende Fabrik durch.

Brentano[2]) hat gezeigt, wie mit der Massenproduktion der Kampf um den Markt, die Konkurrenz und das Streben nach billigen Produktionskosten, bald auch nach wohlfeilen Arbeitskräften, die Lohndrückerei, die Verlängerung der Arbeitszeiten, die Frauen- und Kinderarbeit und anderes infolge der besseren Transportfähigkeit gewerblicher Erzeugnisse zwischen 1500 und 1800 sich entwickeln mußte, wo immer die ersten Formen des gewerblichen Großbetriebs aufkamen.

War aber die Konkurrenz und deren Voraussetzung, die Transportfähigkeit der Waren auf größere Entfernungen, um 1800 etwa schon allgemein? Wir werden jetzt die Grenzen der Transportfähigkeit prüfen, die Gebiete abscheiden müssen, in welchen sich die Umwälzung der Wirtschaft um 1800 noch nicht fühlbar machte.

IV. Die Grenzen der Leistungsfähigkeit der Beförderungsmittel um 1800.

Die Segelschiffahrt ermöglichte die Beförderung von Kolonialwaren und von Massengütern, die der gewerbliche Großbetrieb hervorbrachte, auf große Entfernungen. Nicht jedoch machte damals im Landverkehr, soweit Flüsse und Kanäle fehlten, die Verbilligung der Transportleistung gleiche Fortschritte. Binnenländer ohne recht brauchbare Wasserwege, wie Alt-Bayern und Österreich, sind der Weltkonkurrenz noch ziemlich entrückt.[3]) Vor allem gibt es bei den Verkehrsmitteln des 18. Jahrhunderts noch nicht die weltwirtschaftliche Konkurrenz in land- und forstwirtschaftlichen Produkten, die wir am Ausgange des 19. Jahrhunderts erleben, noch nicht ferner die Konkurrenz des Großbetriebs auf dem Gebiete des Detailhandels, die wir den heutigen Verkehrsfortschritten zuzuschreiben haben.

---

1) Vgl. K. Bücher, Die Entstehung der Volkswirtschaft. 3. Aufl. Tübingen 1901. S. 201 ff.

2) Vgl. die oben zitierte Schrift: L. Brentano, Die Ursachen der heutigen sozialen Not.

3) Immerhin fand bereits in Alt-Bayern im 18. Jahrhundert eine nicht unbeträchtliche Einfuhr gewerblicher Erzeugnisse von den umliegenden entwickelteren Gebieten her statt.

Solange die Achsfracht den Landtransport überaus kostspielig macht, sind die agrarischen Produkte Ungarns, des inneren Rußlands, vor allem der Neuen Welt noch nicht Welthandelsartikel. Man berechnet, daß Holz zu Brennzwecken eine Achsfracht von mehr als fünf Meilen[1]), ja oft von mehr als 20 km nicht vertragen hat. Wo also nicht Flußläufe die Flößerei gestatteten, wie z. B. den Schwarzwäldern, die nach Holland im 18. Jahrhundert und schon früher Nutzholz brachten, war Holz nicht weit transportierbar. Bei Versendung auf größere Entfernungen handelte es sich übrigens vorwiegend um Bauholz.[2])

Getreide auf weite Strecken per Achse zu transportieren kostete ebenfalls riesige Summen. Es wird, sobald man dies betrachtet, begreiflich, daß große Getreideimportgebiete nur an Wasserstraßen bis 1800 denkbar waren. Die Niederlande bezogen bereits Getreide zur Deckung ihres Defizits, ebenso auch Küstengebiete von Frankreich sowie der Iberischen Halbinsel gelegentlich. Die Lieferung übernahm Polen, Brandenburg, auch in einzelnen Jahren im 18. Jahrhundert England. Der Export war möglich, soweit die See oder Ströme wie Elbe, Oder, Weichsel zu Gebote standen. Aber wo Getreide nicht stromabwärts, sondern stromaufwärts verfrachtet werden mußte, machten bereits die Kosten des Ziehens der Schiffe durch Menschen oder Tiere weite Transporte von Getreide schwierig. Einer ungarischen amtlichen Veröffentlichung[3]) entnehme ich, daß am Anfange des 19. Jahrhunderts ein Weizentransport von Szegedin an der Theiß bis Raab an der Donau für je eine Szegediner oder zwei Preßburger Metzen Weizens an Schiffsfracht 3—4 Gulden kostete. Es wird hinzugefügt, daß damals der Landmann in der Theißgegend oder im Banat in der Regel nicht so viel für seinen

---

1) Say II, S. 52.
2) Es wird berichtet, daß die zu Holzlieferungen an die in der Stadt lebenden Grundherren verpflichteten Bauern in Bayern im 18. Jahrhunderte es schon bei breitägiger Entfernung vorzogen, Holz in der Stadt zur Lieferung zu kaufen, statt ihr eigenes Holz hinzuzufahren. Diese Mitteilung verdanke ich Herrn Prof. Endres in München.
3) Béla v. Gonda, Die ungarische Schiffahrt. Budapest 1899. S. 20. Ein Zentner Salz von Szegedin bis Pest kostete 1 Gulden, ein Wiener Zentner Getreide von Temesvar bis Pest per Schiff kostete 1,30 Gulden. Auf S. 18 schildert v. Gonda, daß der Bergweg um 1800 äußerst zeitraubend und kostspielig auf der Donau war. Zum Hinaufziehen von ein paar zusammengekoppelten mittelgroßen Schiffen benötigte man 9 Schiffer, 2 Hauptfuhrleute, 38 Treiber und 38 Pferde. Die Fahrt Budapest-Wien dauerte 20 bis 25 Tage.

Weizen erhielt, als der Kaufmann für die Ware an Schiffsfracht bis Raab bezahlte.

Eine massenhafte Einfuhr von Fleisch, frischem Obst, Butter, Eiern oder gar lebenden Tieren aus fremden Ländern war schon zur See wegen der Langsamkeit der Segelschiffahrt sehr erschwert, zu Lande aber vollends aus größerer Ferne wegen der Transportkosten um 1800 ausgeschlossen.

Große Städte, die ihre Nahrungszufuhr von Gebieten außerhalb des eine oder zwei Tagereisen gelegenen Umkreises beziehen, waren bis 1800 nur möglich am Meere oder an schiffbaren Binnenwasserwegen.

Der Nachrichtenverkehr konnte im Welthandel nur langsam und kostspielig arbeiten, daher lief man ein großes Risiko bei Geschäften, die heute als die allersichersten gelten, so beim Handel in auswärtigen Wechseln.

Das Reisen war für Leute, die nicht wie der Dichter Seume und die Handwerksburschen zu Fuße wandern wollten, eine kostspielige Sache, besonders zu Lande und auf größere Entfernungen. Eine Reise nach der Schweiz ist heute für den Mittelstand durchaus nichts Ungewöhnliches. Noch Schiller war es aber nicht vergönnt, das Land, in dem sein Tell spielt, selbst zu betreten. Um eine Vorstellung von den Kosten des Reisens um 1800 zu geben, sei erwähnt, daß der welterfahrene Hamburger Handelsschriftsteller Büsch es für ausgemacht hält, daß ein Kaufmann, der in Deutschland mit sehr bescheidenen Ansprüchen, d. h. ohne Diener und mit drei Reisenden gemeinsam im Wagen untergebracht, reise, wenn er auf Nachtfahrten verzichtet, etwa 1 Rtlr. 12 Gr. pro Meile brauche, d. i. ungefähr 56 Pf. pro Kilometer.[1]

Fassen wir zusammen: Man ist leicht geneigt, die Verkehrsumwälzungen des 19. Jahrhunderts zu überschätzen und das zu verkennen, was bereits die Verkehrsentwickelung von 1500 bis 1800 in Revolutionierung des Wirtschaftslebens getan hat. Wir stellten demgegenüber fest: Die Wirkung der Verkehrsfortschritte von 1500

---

1) Vgl. J. G. Büsch, Sämtliche Schriften über die Handlung, Bd. VI, Hamburg 1826, S. 597. Hierbei sind Trinkgelder, Zehrung und Anteil der Quartierkosten eingerechnet. — Die Taxe bei der kaiserlichen Ordinari-Post für die Fahrt selbst betrug dagegen schon 1752 im mittelrheinischen Gebiet nur ⅓ Gulden pro Person und Meile, also etwa 7½ Pfennige pro Kilometer, d. i. ungefähr der heutige Eisenbahnpreis I. Klasse einschließlich Fahrkartensteuer.

bis 1800 war es, den Geist der Konkurrenz in einem Teil der Volkswirtschaft, und zwar der gewerblichen Produktion, zu wecken. Diese
Wirkungen beschränkten sich aber bis 1800 vornehmlich auf groß-
gewerblich hergestellte Massenverbrauchsartikel: Gewebe aus Baumwolle, Wolle und Leinen, Eisenwaren usw.

Die Landwirtschaft und Forstwirtschaft, auch der Bergbau in
Kohlen ist dagegen noch nicht von der Weltkonkurrenz erfaßt, außer
wo auf dem Wasserwege verfrachtet werden kann; ebenso bleibt
der Detaillistenstand von der auswärtigen Konkurrenz noch un-
berührt. Und auch in der Verschärfung der zunächst damals ent-
stehenden Konkurrenz auf gewerblichem Gebiete hat sich im 19. Jahrhundert noch eine gewaltige Steigerung fühlbar gemacht.

Wie sehr aber schon damals jeder Verkehrsfortschritt als ein Zwang,
vom Monopole etwas aufzugeben, und als ein unangenehmes
Drängen vom Herkommen hinweg seitens der bisher Geschützten
empfunden wurde, das möge zum Schlusse ein Beispiel aus der
guten alten Zeit beweisen, welches sich ganz modern ausnimmt.

Als Mitte des 18. Jahrhunderts der lange vernachlässigte Zustand der Landwege in England durch Erbauen von Kunststraßen
gebessert werden sollte und man Konzessionsgesuche der Straßen-
bauverbände, in denen die Erlaubnis zur Gebührenerhebung nach-
gesucht wurde, im Parlament beriet, da kamen Petitionen aus den
London benachbarten Ackerbaudistrikten: „daß, wenn die guten
Straßen in die entlegenen Teile des Landes geführt würden, die
billigere Arbeitskraft daselbst es ermöglichen würde, Korn und Heu
billiger nach London zu bringen und sie dadurch ruiniert
würden".[1]

Vielleicht dient es zur Beruhigung, wenn hinzugefügt wird,
daß die Landwirtschaft in Londons Nähe damals durch Straßen-
verbesserung keineswegs ruiniert worden ist. Diese Gegenden wurden
vielmehr der Sitz der blühendsten Landwirtschaft und der intensivsten
Betriebssysteme.

---

[1] Sax I, S. 200.

Zweiter Vortrag.

Geschichte des Eisenbahnwesens in Deutschland.

Literatur zu Vortrag 2.

Vgl. die zu Vortrag 1 unter A aufgeführte Literatur, ferner:

Keller, Gottfr., Der Staatsbahngedanke bei ben verschiedenen Völkern. Histor. bargestellt. Aarau 1897.

Wagner, A., Finanzwissenschaft. I. Teil. 3. Aufl. Leipzig 1883. S. 640 ff.

Wagner, A., Theor. Sozialökonomik. II. Abt. I. Bb. Leipzig 1909.

Enzyklopädie des gesamten Eisenbahnwesens in alphabet. Anordnung. Herausgegeben von B. Röll u. a. Wien 1893.

Weber, M. M. v., Schule des Eisenbahnwesens. 4. Aufl. Bearbeitet von R. Koch. Leipzig 1885.

Schwabe, H., Geschichtlicher Rückblick auf die ersten 50 Jahre des preußischen Eisenbahnwesens. Berlin 1895.

Schreiber, Die preußischen Eisenbahnen und ihr Verhältnis zum Staat 1834—1874. Berlin 1874.

Fleck, G., Studien zur Geschichte des preußischen Eisenbahnwesens. (Verschiedene Jahrgänge d. Arch. f. Eisenbahnwesen.)

Kech, Edwin, Die Gründung der Großherzoglich Babischen Staatseisenbahnen. Beitrag zur Geschichte der babischen Eisenbahnpolitik. Karlsruhe 1905.

Müller, K., Die babischen Eisenbahnen in historisch-statistischer Darstellung. Heidelberg 1904.

List, Friedrich, Über ein sächsisches Eisenbahn-System als Grundlage eines allgemeinen deutschen Eisenbahn-Systems und insbesondere über die Anlegung einer Eisenbahn von Leipzig nach Dresden. Leipzig 1833.

List, Friedrich, Das deutsche National-Transport-System in volks- und staatswirtschaftlicher Beziehung beleuchtet. Altona und Leipzig 1838 (S.-A. aus dem Staatslexikon).

F. L. (List?), Das deutsche Eisenbahnsystem als Mittel zur Vervollkommnung der deutschen Industrie, des deutschen Zollvereins und des deutschen Nationalverbandes überhaupt. (Mit bes. Rücksicht auf württemb. Eisenbahnen.) (Deutsche Vierteljahrsschrift, Stuttgart und Tübingen 1841. S. 213 ff.)

List, Friedrich, Zur deutschen Eisenbahnfrage 1844 (in Ludwig Häussers Ausgabe von Friedrich Lists gesammelten Schriften. Bb. II. Stuttgart und Tübingen 1850, S. 235 ff.)

Moltke, Graf Helmuth v., Welche Rücksichten kommen bei der Wahl der Richtung von Eisenbahnen in Betracht? (zuerst 1843 veröffentlicht, in Bb. 2 der Gesammelten Schriften und Denkwürdigkeiten des Generalfeldmarschalls Grafen M. Berlin 1892, S. 235 ff., mit Erläuterungen von Streckert, wiederabgedruckt).

Marggraff, H., Die k. bayr. Staatseisenbahnen. München 1894.
Jacob, Osc., Die k. württembergischen Staatseisenbahnen. Tübingen 1895.
Cohn, G., Nationalökonomie des Handels und Verkehrswesens. Stuttgart 1898.
Cohn, G., Zur Geschichte und Politik des Verkehrswesens. Stuttgart 1900.
Die Verwaltung der öffentlichen Arbeiten in Preußen 1890 bis 1900. Bericht des Ministers 1901. Berlin.
Hahn, F., Die Eisenbahnen. Leipzig 1905.
Acworth, W. M., Grundzüge der Eisenbahnwirtschaftslehre, aus dem Englischen übersetzt nebst einleitendem Vorworte von Heinrich Ritter von Wittek. Wien 1907.
Vgl. auch die Zeitschriften: Archiv für Eisenbahnwesen und Zeitung des Vereins Deutscher Eisenbahnverwaltungen.

I. Gegenwärtiger Zustand.

Von den vollspurigen[1]) Eisenbahnen Deutschlands entfielen am Ende des Rechnungsjahres 1907

		hiervon Privatbahnen in Privatbetrieb:
auf Hauptbahnen	33 530,1 km	927,5 km
auf Nebenbahnen	22 661,2 -	3393,0 -
Summa:	56 191,3 km	4320,5 km

Privatbahnen in Privatbetrieb, d. h. normalspurige Eisenbahnen in Besitz und Verwaltung von Aktiengesellschaften, waren Ende 1907 in Deutschland nur wenig vertreten. Vom Gesamtnetz nahmen sie etwa 7½ Proz. in Anspruch. Der Anteil der Privatbahnen war noch geringer, wenn man die Hauptlinien ins Auge faßt. Hier entfielen auf den Privatbetrieb nur etwas über 2½ Proz., während im Betrieb der Nebenbahnen den Privatunternehmungen ein größerer Spielraum bleibt. Von den Nebenlinien entfielen etwa 15 Proz. der Kilometerlänge auf Privatbetrieb.

Das einzige größere Netz in Privatbetrieb, welches 1907 noch bestand, das der Pfälzischen Eisenbahnen, ist inzwischen seit 1. Januar 1909 von Bayern verstaatlicht worden.

Die nicht in Privatbetrieb stehenden Eisenbahnen werden von Staatsverwaltungen geleitet, und zwar entweder als Staatseigentum oder als staatlich verwaltetes Privateigentum.

---

1) Die normale Spurweite beträgt 1,435 m, die Schmalspurweite in Deutschland regelmäßig 1 m und darunter. Die russische Spurweite beträgt 1,524 m.

Das größte staatliche Eisenbahnnetz ist das preußische, welches alle wichtigen Durchgangslinien Norddeutschlands, auch der außerpreußisch = norddeutschen Gebiete, beherrscht und mit den hessischen Bahnen gegenwärtig durch eine Betriebsgemeinschaft vereinigt ist. Örtlich begrenzte Bedeutung haben in Norddeutschland noch die Oldenburgischen und Mecklenburgischen Staatsbahnen.

Eigene bedeutendere Staatsbahnnetze haben noch Bayern, Württemberg, Sachsen und Baden. Eigentum des Reichs sind die Elsaß=Lothringischen Bahnen, welche auch gepachtete Strecken auf Luxemburger Gebiet betreiben.

Der heutige Zustand ist also: überwiegend staatlicher Betrieb des Eisenbahnwesens, vor allem der Hauptbahnen; aber mit Ausnahme Elsaß=Lothringens geschieht dieser Betrieb nicht für Rechnung des Deutschen Reichs, sondern der größeren Einzelstaaten.

Der heutige Zustand der Eisenbahnverfassung erklärt sich nicht so, daß etwa von Anfang an in Deutschland überwiegend die einzelnen Staaten allenthalben Eisenbahnen gebaut und betrieben hätten. Noch 1875 standen 44½ Proz. der damaligen Eisenbahnlänge in Privatverwaltung. Am 1. April 1879 waren mehr als die Hälfte des preußischen Eisenbahnnetzes Privatbahnen. Es bleibt also zu prüfen, wie es kam, daß man zu dem jetzt durchaus überwiegenden Staatsbetrieb in Deutschland gelangt ist.

Ehe diese Frage beantwortet wird, sollen noch einige Ziffern betrachtet werden, die die Bedeutung der Verkehrsanstalten, um welche es sich hier handelt, veranschaulichen.[1])

Das deutsche normalspurige Eisenbahnnetz stellte Ende 1907 mehr als ein Sechstel des europäischen Netzes dar. Die Länge der Eisenbahnen Deutschlands war größer als die irgendeines europäischen Netzes, ausgenommen Rußland. Ein Vergleich muß jedoch entweder die Flächenausdehnung oder die Bevölkerungszahl der Länder mit verschieden großen Eisenbahnnetzen mit in Betracht ziehen, nicht bloß die absolute Ziffer der Kilometer Eisenbahnlänge.

Pro 100 qkm weist Deutschland Ende 1907 durchschnittlich 10,7 km Eisenbahnlänge auf. Es steht in dieser Hinsicht hinter Belgien

---

1) Vgl. Archiv f. Eisenb. 1909, S. 560ff. Die Ziffern für Ende 1907 sind infolge anderer Berechnungsweise höher als die oben angegebenen, welche dem Stat. Jahrbuch f. d. D. Reich 1909, S. 113, entnommen sind.

(26,6 km pro 100 qkm), Großbritannien und Irland (11,8 km) zurück und der Schweiz (10,7 km) gleich.[1])

Wendet man die andere mögliche Methode der Vergleichung an, die Berechnung, wieviel Kilometer Eisenbahnlänge auf je 10 000 Einwohner entfallen, so sind einige Länder den oben aufgeführten überlegen (Schweden mit 26,1 km, Frankreich mit 12,3 km, Schweiz mit 13,4 km Bahnlänge pro 10 000 Einwohner), während Deutschland mit 10,3 km Belgien (11,7) von diesem Standpunkt aus ähnlich ist und im Verhältnis zur Bevölkerungszahl etwas mehr Eisenbahnlänge als Großbritannien und Irland (9,0 km) aufweist.

Österreich-Ungarn steht hinter Deutschland in der Ausdehnung der Verkehrsmittel zurück, sowohl wenn man mit der Fläche, wie mit der Bevölkerungszahl die Bahnausdehnung vergleicht. Europa hat vom gesamten Eisenbahnnetz der Erde, welches Ende 1907 auf 957 283 km geschätzt wurde, 34,56 Proz. (= 320 810 km) inne, während allein auf die Ver. Staaten 38,65 Proz. (= 369 991 km von 487 506 km im gesamten Nord-, Mittel- und Südamerika) entfielen. In ganz Asien waren 1907 nur etwas über 32 000 km Eisenbahn mehr im Betrieb wie in Deutschland.[2]) Afrika und Australien hatten zusammen ungefähr so viel Eisenbahnlänge wie Deutschland oder das europäische Rußland samt Finland.[3])

Dies bedeutet nichts anderes, als daß der Eisenbahnbau in den fernen Kontinenten, der kommen muß, noch gewaltige Verschiebungen in der Weltwirtschaft bringen wird, die wir kaum ahnen. Bis jetzt ist am meisten im Eisenbahnbau da geleistet, wo die angelsächsische Rasse eindringt, während die Russen und Ostasiaten diesem Vorbilde nur spät und langsamer gefolgt sind.

Wie stellen sich nun die Geldopfer, die für den Eisenbahnbau erfordert werden, und die Ergebnisse der Eisenbahnen vom Standpunkte der Rentabilität?

---

1) Innerhalb Deutschlands findet sich das dichteste Eisenbahnnetz im Königreich Sachsen (20,5 km pro 100 qkm), demnächst in Baden (14,6) und Elsaß-Lothringen (13,6).

2) Von 90 577 km asiatischen Bahnen entfielen 49 010 km auf Britisch-Ostindien und Ceylon, 4519 auf das russische Mittelasien, 9116 auf Sibirien und die Mandschurei, 8067 auf Japan, 6698 auf China, 4716 auf Kleinasien, Syrien, Arabien und Cypern.

3) Auf Afrika entfielen 29 798 km (hiervon 1847 auf deutsche Kolonien) und 28 592 km auf Australien.

Das Anlagekapital von Deutschlands Eisenbahnen stellte für Ende des Rechnungsjahres 1907 einen Wert von rund 16 Milliarden Mark dar, also pro 1 km Bahnlänge rund 277 121 Mark. Der Aufwand an Anlagekapital pro 1 km Bahnlänge in Deutschland stellt weder das höchste noch das niedrigste in der Welt vor. Die Ziffern verschiedener Länder sind nur vergleichbar, wenn man die Grunderwerbsbedingungen, die Ausstattung der Bahnen mit mehreren Geleisen, die Qualität der Brücken und des Oberbaues kennt. So erklärt sich z. B. der erheblich höhere Aufwand an Anlagekapital pro 1 km Bahnlänge in England zum großen Teil aus besonderen Aufwendungen, die im Interesse der Bewältigung eines schleunigen und massenhaften Verkehrs, ferner für Erwerb sehr kostspieligen Bodens, sowie für Überführungen und Unterführungen von Straßen dort gemacht sind.[1] Anderseits kann auch ein geringer Aufwand an Anlagekapital pro 1 km anderwärts empfehlenswert sein, wo kein Bedürfnis nach schleunigem und massenhaftem Verkehre vorliegt.[2]

Nehmen wir Deutschland als Ganzes, so verzinst sich durchschnittlich das Anlagekapital der Eisenbahnen äußerst günstig. In dem vierzigjährigen Zeitraum von 1868 bis 1907 haben die allmählich sich vergrößernden vollspurigen Eisenbahnen Deutschlands einen Überschuß der Einnahmen über die Betriebsausgaben geliefert, der von dem jeweiligen Anlagekapital nie weniger als 4½ Proz. und im günstigsten Falle 6,94 Proz. betragen hat. Die Rente, die übrigens nicht ganz dasselbe wie die verteilbare Dividende einer Aktiengesellschaft bedeutet[3]), schwankt mit dem Auf und Nieder des gesamten

---

1) Ende 1904 waren in Großbritannien und Irland durchschnittlich 696 631 Mk. an Anlagekapital pro Kilometer festgelegt, also mehr als das Doppelte wie in Deutschland. Vgl. Archiv f. Eisenbw. a. a. O.

2) Für bescheidenere Verkehrsbedürfnisse empfiehlt sich deshalb auch unter Umständen die Schmalspurbahn mit durchschnittlich nur 69 000 Mk. Anlagekosten pro Kilometer statt der durchschnittlich 277 121 Mk. kostenden vollspurigen Bahnen. Der durchschnittliche Aufwand an Anlagekosten für normalspurige Vizinalbahnen betrug übrigens in Bayern auch nur 92 312 Mk., für normalspurige Lokalbahnen nur 59 552 Mk. per Kilometer nach Beilage 7 des Jahresberichts für 1907, während das Kilometer Hauptbahnen in Bayern 292 574 Mk. kostete.

3) Von der Eisenbahnrente wären erhebliche Abzüge zu machen, um sie mit Dividenden zu vergleichen; hier sind einfach die Betriebsüberschüsse — ohne Ausscheidung der Ausgaben für erhebliche Ergänzungen — mit dem Anlagekapital verglichen.

Wirtschaftslebens im gesamten Deutschland erheblich. Sie ist aber keineswegs in allen deutschen Eisenbahnsystemen jeweilig dem Reichsdurchschnitt entsprechend. Preußen pflegt in seinem Staatsbetrieb mehr als die durchschnittliche deutsche Eisenbahnrente zu erzielen. Sachsen, Bayern, Württemberg, Baden beziehen trotz im allgemeinen nicht billigerer Tarife eine niedrigere Rente als Preußen.[1])

Der Überschuß wird um so günstiger, je mehr es gelingt, die Einnahmen ohne entsprechende Steigerung der Betriebsausgaben zu erhöhen. Dies ist tatsächlich in gewissem Maße bei gesteigertem Verkehr möglich gewesen. Indem es gelang, den Güter- und Personenverkehr sehr beträchtlich zu steigern, wurden nach wie vor günstige Ergebnisse erzielt, obwohl die durchschnittliche Einnahme aus der einzelnen Beförderungsleistung in den letzten dreißig Jahren erheblich durch Frachtermäßigungen herabgegangen ist. Massenhafte billige Transportdienste sind hier das Einträgliche. Ehe wir die Ziffern, welche dies veranschaulichen, betrachten, sind zwei Vorbemerkungen erforderlich. Erstens: die Haupteinnahme liefert heute in Deutschland nicht wie bei Beginn des Eisenbahnwesens der Personenverkehr, sondern der Güterverkehr.[2]) Zweitens: die Messung der Verkehrsleistungen erfolgt in nachstehenden Einheiten:

tkm, Tonnenkilometer heißt die Leistung, das Gewicht von einer Tonne (= 1000 kg) ein Kilometer weit zu befördern.

Pkm, Personenkilometer heißt die Leistung, eine Person ein Kilometer weit zu befördern.

Eine Summe von 1000 tkm kann in der Statistik ebensowohl entstanden sein, indem 10 t je 100 km oder indem 100 t je 10 km weit transportiert wurden. Eine Anschauung hat man von der Art

---

1) Die sächsischen Staats-Eisenbahnen wiesen früher eine besonders hohe Rente auf; 1907 brachten sie jedoch nur 5,09 %. Die Bahnen des badischen staatlichen Betriebs brachten 1907 3,90 %, diejenigen des württembergischen staatlichen Betriebs 2,37 % des Anlagekapitals. Bayern erzielte 1907 eine Rente von 3,58 %, die preußisch-hessische Gemeinschaft 6,55 %, die mecklenburgischen Staatsbahnen 4,38 %, die oldenburgischen 7,05 %. Vgl. Bd. 28 d. Statist. d. Reichseisenbahnamts.

2) Von den Betriebseinnahmen entfielen 1906 in Deutschland auf den Güterverkehr 66,05 %, dagegen in Großbritannien und Irland nur 49,81 %. Per Kilometer Betriebslänge leistete 1906 Deutschland 504 300 Pkm und 807,500 tkm. Vgl. Statist. Jahrb. f. d. Deutsche Reich 1909. S. 42*, 43*.

des Verkehrs infolgedessen erst vollständig, wenn nicht nur die Tonnenkilometer und Personenkilometer, sondern auch die Zahl der beförderten Tonnen und Personen ohne Rücksicht auf die Fahrtdauer mitgeteilt werden. Immerhin läßt sich schon einiges aus folgenden Ziffern entnehmen:

Es wurden pro Kilometer Betriebslänge in Deutschland[1]) geleistet (gegen Frachtberechnung)

	1868	1885	1907
Personenkilometer .	202 900	216 900	540 173
Tonnenkilometer . .	316 200	430 500	856 788

Die Bruttoeinnahme in Deutschland betrug

pro Pkm $\begin{cases} 1885 & 3,33 \text{ Pf.} \\ 1907 & 2,42 \text{ -} \end{cases}$ pro tkm $\begin{cases} 1868 & 6,2 \text{ Pf.} \\ 1885 & 4,07 \text{ -} \\ 1907 & 3,64 \text{ -} \end{cases}$

Fassen wir zusammen: Die Eisenbahnen Deutschlands, gegenwärtig ganz überwiegend Staatseigentum, stellen eine gewaltige und dabei im Durchschnitt — wenn auch nicht in jedem Teile Deutschlands — recht günstig rentierende Kapitalanlage dar. Die Eisenbahnen sind vielfach erst durch die Verstaatlichung aus Privatunternehmungen zu Staatsbetrieben geworden. Es bleibt nun zu untersuchen: durch welchen Umstand kam es, daß die Frage: „Staats- oder Privatbahn" in der deutschen Geschichte des 19. Jahrhunderts zuerst in einem dem Privatbahnsystem günstigeren Sinne, später im Sinne der Verstaatlichung entschieden worden ist?

II. Erste Anfänge des Eisenbahnwesens in Deutschland. Privatbahnen als Experiment.

Die ersten bis 1840 in Deutschland eröffneten Eisenbahnen waren fast sämtlich Privatbahnen.

---

1) In Bayern wurden von den Staatsbahnen 1907 pro Kilometer 328 078 Pkm und 552 448 tkm geleistet. Die durchschnittliche Fracht betrug für 1 Pkm 2,69, für 1 tkm 3,71 Pf. (Die Angaben sind Bd. 28 der Statistik des Reichseisenbahnamts entnommen.) Die kilometrische Leistung im Personen- wie im Güterverkehr ist 1907 in Bayern geringer als im Durchschnitt Deutschlands gewesen. Die durchschnittliche Fracht war höher, die Gesamtrente geringer infolge der geringeren Verkehrsdichtigkeit und verhältnismäßig größerer Ausgabe für das Personal.

Als Privatbahn wurde am 7. Dez. 1835 die Nürnberg-Fürther Ludwigsbahn eröffnet. Die Regierung beteiligte sich, indem sie zwei Aktien zu 100 fl. zeichnete.[1] Ebenfalls als Privatbahn wurde die Berlin-Potsdamer Eisenbahn am 30. Ott. 1838 eröffnet. Am 7. April 1839 wurde die erste größere Eisenbahnlinie, die von Leipzig nach Dresden, als Privatunternehmung eröffnet. Der sächsische Staat gab eine eigenartige Unterstützung durch Gewährung des Rechts, bis zu 500 000 Rtlr. unverzinsliche Kassenscheine auszugeben.

Die erste Staatsbahn Deutschlands entstand 1838 im Braunschweigischen.

Der Grund, weshalb die ersten Eisenbahnen in Bayern, Preußen, Sachsen und anderwärts in Deutschland nicht als Staatsbahnen erbaut wurden, war vor allem das Mißtrauen der Bureaukratie gegen die Neuerung. An sich schon folgte Deutschland verspätet dem Vorgange Englands und Nordamerikas mit dem Eisenbahnbau.[2][3] Als 1826 der Westfale Harkort das Projekt einer Kohleneisenbahn von Heißingen a. Rh. nach dem Wuppertal betrieb, war eine Agitation dagegen eingeleitet worden, die bei den Behörden Erfolg hatte. Die Gesichtspunkte gegen die Bahn waren, daß die Kohlenfuhrleute geschädigt, die Chausseegeldeinnahmen verringert, auch einzelne Kohlengruben benachteiligt würden.

In Preußen wurde noch 1835—38 die Berlin-Potsdamer Bahn als ein Experiment betrachtet, dem hochangesehene Männer wie Preußens damalige erste Autorität im Pionierwesen, General

---

1) Vgl. Treitschte, Deutsche Geschichte. Bd. IV, S. 584.
2) Vgl. Handwörterbuch der Staatswissensch. Bd. III, S. 808.
3) Schon im 16. Jahrhundert hatte man im deutschen Bergbau Schienenwege (blechbeschlagene Schienen aus Holz) zur Beförderung verwendet, jedoch ohne mechanische Kraft. In England führte man in der zweiten Hälfte des 18. Jahrhunderts den Gedanken weiter, indem gußeiserne kurze Schienen verwendet wurden, um mit Pferdevorspann Lasten zu befördern. Als 1814 auf der Kohlenbahn zu Killingworth bei Newcastle die erste erfolgreiche Anwendung des Dampfes als Zugkraft gelungen war und gegen 1820 das Walzen der Schienen erfunden war (es wurden nunmehr schmiedeeiserne Schienen verwendet, an deren Stelle heute die Stahlschienen getreten sind), waren die wichtigsten Voraussetzungen für die Dampfeisenbahn erfüllt. Am 27. September 1825 wurde die erste dem Güter- und Personenverkehr dienende Eisenbahn von Stockton nach Darlington in Nordengland eröffnet. Durchschlagend war dann der Erfolg Stephensons bei Eröffnung der größeren Linie von Liverpool nach Manchester (1830). Um 1830 hatten auch die Vereinigten Staaten bereits einige Eisenbahnlinien.

After, und der Postmeister Nagler[1]), ebenso aber auch Minister Rother mit Feindseligkeit und Mißtrauen gegenübertraten. In Bayern stellte das Obermedizinalkollegium dem König Ludwig I., als es sich um Genehmigung der Nürnberg-Fürther Bahn handelte, beweglich vor, „der Dampfbetrieb werde bei den Reisenden wie bei den Zuschauenden unfehlbar schwere Gehirnerkrankungen erzeugen, und damit wenigstens die Zuschauer Schutz fänden, möge der Bahnkörper mit einem hohen Bretterzaun umgeben werden".[2])

Ein anderes Beispiel des Mißtrauens der Bureaukratie gegen die aufkommenden Eisenbahnen erzählte Fürst Otto v. Bismarck im Reichstage am 2. Dez. 1884[3]): „Als der Bau einer Eisenbahn von Berlin nach Magdeburg projektiert wurde — es lag damals das Berlin-Anhalter Projekt vor und gleichzeitig ein Berlin-Leipziger und ein Berlin-Magdeburger —, da erklärte die damalige preußische Regierung, sie hätte ganz genau den Gesamtverkehr zwischen diesen Orten festgestellt und sich überzeugt, daß der Gesamtverkehr, der überhaupt zwischen Berlin und den vorbenannten Orten bestände, nicht eine einzige Eisenbahnlinie ernähren könnte."

Auch außerhalb Deutschlands versprachen sich manche hervorragende Staatsmänner von der neuen Erfindung der Eisenbahnen vielfach entweder gar keinen oder ungünstigen Erfolg. Zur ersten Gattung gehörte Thiers.[4])

Am wenigsten begreiflich erscheint der Nachwelt der Standpunkt derjenigen, die zwar die Bedeutung der Eisenbahnen einsahen, sie aber fernzuhalten suchten, weil ihnen die zu erwartenden Wirkungen in ihr Programm nicht paßten. Und doch hat es seitdem bei jedem anderen Verkehrsfortschritt, der nicht aufzuhalten war, immer wieder Männer gegeben, die aus der damaligen Niederlage nichts gelernt hatten. Freilich ist jedesmal solches Beginnen gerade so gescheitert wie gegenüber den ersten Eisenbahnen.

---

1) Vgl. Treitschke, Deutsche Geschichte. Bd. IV, S. 590—592. Nagler erblickte in den Eisenbahnen neben der Post nur ein „höchst beschränktes und untergeordnetes Kommunikationsmittel", Rother legte 1837 sein handelspolitisches Referat wegen Kollision mit dem eisenbahnfreundlichen Kronprinzen, nachmaligen Könige Friedrich Wilhelm IV., nieder.

2) Wörtlich aus Treitschke, Deutsche Gesch. Bd. IV, S. 583.

3) Auf diese Äußerung macht v. Melle in seinem Buche über Kirchenpauer, S. 144 aufmerksam.

4) Vgl. Journal des Goncourt IX. p. 245: Thiers a dit à propos du premier chemin de fer: „Il faut donner ça à Paris, comme un joujou, mais ça ne transportera jamais un voyageur ni un colis."

III. Entwickelung 1840—1875.
Schwanken zwischen Staats= und Privatbahnsystem.

Von 1840 an sind auch beim Beamtentum die Vorurteile gegen die Eisenbahnen im Schwinden. Man wünscht, daß viele Bahnen, und zwar schleunig, gebaut werden. Naheliegend war, wo der Staatskredit befestigt erschien, daß nunmehr der Staat den Ausbau in die Hand nehme. In Bayern, Württemberg, Sachsen, Baden usw. findet unter eifriger Mitwirkung der Stände nunmehr der Staats= eisenbahnbau statt, besonders nachdem Belgien mit diesem System Erfolge aufweist.

Anders zunächst ist die Entwickelung in Preußen. Gewiß lag es in den Traditionen des vormärzlichen Beamtentums[1]), daß man nicht eine Macht — und als Macht erkennt man nunmehr die Eisenbahn — unabhängig vom Beamtentum aufkommen lassen mochte. Aber Eisenbahnen kann der Staat nicht ohne Anleihen bauen. Der An= leiheweg scheint aber zunächst verschlossen. Das Königswort von 1820 gilt noch, daß „Staatsanleihen nur mit Zustimmung und unter Mitgarantie der künftigen reichsständischen Versammlung" — die man nicht einberufen will — aufgenommen werden sollen.[2])

Es ist bestritten, ob schon bei Erlaß des preußischen Eisenbahn= gesetzes von 1838 die Frage der reichsständischen Bewilligung von Eisenbahnanleihen erwogen worden ist.[3]) Jedenfalls ist aber in der Praxis der folgenden Jahre auf diesen Punkt ausdrücklich Rück= sicht genommen worden und deshalb am Gedanken des Privat= bahnsystems bis 1847 festgehalten worden, obwohl er den leitenden

---

1) Die Worte, welche der bayerische Ministerpräsident v. Abel 1845 aussprach, dürften die Meinung des Beamtentums auch ander= wärts getreu geben. Er führte nach H. Marggraff, Die kgl. bayerischen Staatseisenbahnen usw., München 1894, S. 19, aus: „Nie, meine Herren — ich bin zu dieser Erklärung angewiesen und beauftragt — nie wird die Regierung die Leitung und Benutzung der Eisenbahnen, einer Anstalt, deren Inhaber bis zu einem gewissen Punkte den ge= samten kommerziellen und persönlichen Verkehr des Landes beherrscht, nie wird die Regierung diese Bahnen in ihren Hauptrichtungen in Privathände geben, nie und unter keiner Bedingung."
2) Vgl. Preuß. Staatsschuldenedikt vom 17. Jan. 1820, § II, sowie über die wahrscheinlichen Wirkungen derselben Erwägungen auf die Bankpolitik W. Lotz, Gesch. u. Kritik des deutschen Bank= gesetzes. Leipzig 1888. S. 29.
3) Treitschke, Bd. IV, S. 592

Personen nicht sympathisch war. Im Unterschied gegen die französische Politik hat sich übrigens der preußische Staat nicht ein unentgeltliches Heimfallrecht nach 99 Jahren, sondern nur Rückkaufsrechte gegenüber den Privatbahnen vorbehalten.[1]

Als Private vielfach nicht ohne staatliche Zinsgarantie bauen wollten, wurden 1842 zwar nicht die Reichsstände, aber „ständische Ausschüsse" nach Berlin berufen. Mit deren Zustimmung wurde in Aussicht genommen, Zinsgarantien aus den Jahresüberschüssen zu gewähren, jedoch nicht mit über 2 Millionen Rtlr. jährlicher Belastung des Staates.[2]

1847 endlich wurden dem „Vereinigten Landtag" Staatsbahnpläne vor allem zur Hebung der östlichen Provinzen vorgelegt. Der Plan wurde abgelehnt, weil die Mehrheit verfassungsrechtliche Bedenken hinsichtlich der Befugnis des Vereinigten Landtags, als Volksvertretung zu gelten, hegte.[3]

Die bereits begonnenen Arbeiten an der Ostbahn wurden eingestellt. Nach 1848 fielen die politischen Voraussetzungen fort, die zum Privatbahnsystem anfänglich in Preußen genötigt hatten. Es waren aber bereits wichtige Linien in Privatbetrieb, als der Staat nunmehr ebenfalls Bahnen zu bauen begann. Im übrigen zeigt sich, allerdings aus verschiedenen Gründen, 1855—70 allenthalben eine Strömung für die Privatunternehmung auch im Eisenbahnwesen.

---

1) Im preußischen Eisenbahn-Gesetz von 1838 war eine Eisenbahnsteuer vorgesehen, die 1853 geregelt wurde und ursprünglich dem Zwecke dienen sollte, die Aktienbahnen allmählich auszukaufen, eine Verwendung, die später (1859) fallen gelassen wurde, aber charakteristisch für die 1838 herrschenden Absichten sein dürfte.

2) 1843 hatte sich Rother mit Eisenbahnen befreundet und trat im Prinzip für Staatsbahnen ein, mit Rücksicht auf die Versprechung von 1820 befürwortete er jedoch vorläufig Privatbahnen mit Zinsgarantie aus Überschüssen. König Friedrich Wilhelm IV. entschied sich hiefür. Treitschke, Bd. V, S. 495.

3) Treitschke, Bd. V, S. 625/626 berichtet hierüber: Die große Mehrheit der Ostpreußen setzten ihren Stolz darein, dem Lande zu beweisen, daß sie nicht um des Vorteils willen die ständischen Rechte preisgeben wollten. Einer ihrer angesehensten Edelleute, Saucken-Tarputschen, — — — erklärte feierlich: „Wenn ich auch alle Hütten meines Landes zu Schlössern verwandeln könnte, so würde ich in dem Glauben, daß mit leichtem und ruhigem Gewissen es sich glücklicher und behaglicher in einer Hütte als mit einem beschwerten im Palaste selbst wohnen läßt, dagegen stimmen."

In Preußen waren es wiederum politische Gründe, die 1862—66 höchstwahrscheinlich mehr als allgemeine Erwägungen den Ministerpräsidenten v. Bismarck zur Beibehaltung des Privatbahnprinzips bestimmten.

Die Regierung war in Konflikt mit der Mehrheit der Abgeordnetenkammer. Es wurde mit Budgets regiert, die nicht die Zustimmung der Volksvertretung fanden. Die Regierung mußte, wenn sie Kriegsvorbereitungen plante, nach unabhängigen Einnahmen streben, da Steuererhöhungen nicht durchzusetzen gewesen wären. Man erlangte Einnahmen, indem man gegen beträchtliche Abfindungen auf das Recht, Privatbahnen billig einzulösen, verzichtete. Die Regierung schlug sogar den Verkauf einer Staatsbahnlinie vor, mußte aber infolge Widerstands des Parlaments hiervon abstehen.[1]

Nach 1866 bahnte sich allmählich ein Umschwung an. Das Einvernehmen zwischen Bismarck und der Landtagsmehrheit war hergestellt. Durch die Annexion von Hannover, Kurhessen, Nassau und Frankfurt vergrößerte sich das preußische Staatsbahnnetz ohne weiteres um 166 Meilen, da die dortigen Staatsbahnen[2] mit annektiert wurden.

Blicken wir nunmehr auf die gleichzeitige Entwickelung anderer Gebiete. Bayern folgte damals in den meisten Dingen dem österreichischen Muster. In Österreich waren politische und andere Gründe in der absolutistischen Ära wirksam, unabhängige Einnahmen (z. B. für Valutaregulierung) durch den Verkauf der bisher existierenden staatlichen Bahnen sowie der Domänen anzustreben. Von 1855 an waren die vorhandenen österreichischen Staatsbahnen an Aktien-Gesellschaften (Südbahn-Gesellschaft, Staatsbahn-Gesellschaft) ver-

---

1) Für 13 Mill. Rtlr. verzichtete die Regierung 1865 auf das Recht, die Aktien der Köln-Mindener Eisenbahn zum Nennwert zu erwerben. 1864 hatte die Regierung zwar von dem ihr zustehenden Recht, die Ruhrort-Crefeld-Gladbacher und die Aachen-Düsseldorfer Bahn gegen Erstattung des Nennwertes der Aktien zu erwerben, Gebrauch gemacht, jedoch sofort diese Bahnen wieder an die Bergisch-Märkische Eisenbahn-Gesellschaft abgetreten. Der Versuch, die Westfälische Staatseisenbahn (40 Meilen) für 40 Millionen Taler an die Bergisch-Märkische Gesellschaft abzutreten, scheiterte dadurch, daß das Abgeordnetenhaus die Genehmigung 1865 versagte. Vgl. Schreiber, Die preußischen Eisenbahnen und ihr Verhältnis zum Staat 1834—1874. Berlin 1874. S. 37—41.

2) In Hannover herrschte reines Staatsbahnsystem, in Nassau gemischtes System, Kurhessen und Frankfurt waren Miteigentümer der Main-Weser-Bahn. Vgl. Schreiber, a. a. O., S. 49—51.

kauft worden. Der Erlös betrug 153 Millionen Gulden für Bahnen, die 377 Millionen Gulden gekostet hatten. Seitdem baute man in Österreich zunächst Privatbahnen mit Zinsgarantie und verkündete die Vortrefflichkeit des Privatbahngedankens. Bayern verkaufte zwar nicht seine Staatsbahnen, ließ aber 1856 das große Netz der Ostbahnen als Privatunternehmung entstehen. In der Bayerischen Pfalz überließ man von Anfang an, vielleicht auch nicht ohne politische Ursachen, den Bahnbau dem Privatkapital.

Auch anderwärts herrschte 1850—70 in deutschen Gebieten eine dem Privatbahnsystem günstige Strömung. Braunschweig verkaufte seine Staatsbahn an private Gesellschaften 1869.[1])

IV. Die Durchführung der Eisenbahn=Verstaatlichung in Deutschland.

Die Ungleichmäßigkeit war auf dem Gebiete des Eisenbahnwesens wie in anderen Dingen in Deutschland um 1870 gewaltig. Preußen, Bayern, Hessen, Mecklenburg, die Thüringischen Staaten hatten sämtlich ihre besondere Eisenbahnpolitik.

Bald herrschte reines Staatsbahnsystem, bald reines Privatbahnsystem, bald gemischtes System. Im allgemeinen überwog im Süden die Staatsbahnentwicklung, im Norden das gemischte System, auch stellenweise das Privatbahnsystem.[2])

Die Tendenz zum Zusammenschließen kleinerer Systeme (Eisenbahnfusion), welche wirtschaftlichen Erwägungen bei Privat= wie Staatsbahnbetrieb entspricht, war in Deutschland nicht ungehemmt gewesen und hatte sich jedenfalls 1875 noch nicht völlig durchsetzen können. Deutschland litt mehr noch, als an falschen Lösungen der Frage Staats= oder Privatbahn, an der Menge kleiner Systeme, den gegenseitigen Schikanen der Bahnen usw.

Teils die Unzufriedenheit mit der Vielheit und Feindseligkeit der deutschen Bahnsysteme, sowie Tarifbeschwerden von Industrie und Landwirtschaft, teils die Eindrücke der Gründerära von 1871—73

---

1) Durchaus wechselvoll war die mecklenburgische Bahnpolitik. Anfangs Privatbahnen, dann landesherrlicher, seit 1873 privater Bahnbetrieb, worauf 1890 Verstaatlichung folgte.

2) 1875 waren 44½ % der Eigentumslänge der deutschen voll- und schmalspurigen Bahnen Privatbahnen in Privatbetrieb. Noch am 1. April 1879 war etwas über die Hälfte des preußischen Bahnnetzes Privatbahn unter Privatverwaltung.

und der bei Konzessionierung von Privatbahnen vorgekommenen Mißbräuche gaben den ersten Anstoß zur Verstaatlichungsbewegung.

In ihrer ersten Form war die Verstaatlichungsbewegung auf Vereinigung des ganzen Eisenbahnwesens in Händen des Reichs gerichtet. Die einen begrüßten den Plan vom nationalen, andere vom sozialistischen Standpunkt, manche auch in der Hoffnung auf gewinnreiche Verwertung ihres Besitzes an notleidenden Aktien.

Fürst Bismarck nahm den Plan, welcher dem Reiche ein gewaltiges Erwerbsvermögen geschaffen hätte, zunächst sympathisch auf. Ein Grundstock zum deutschen Reichsbahnnetz schien gegeben durch die elsaß-lothringischen Bahnen. Die Linien der französischen Ostbahn auf elsaß-lothringischem Gebiet waren aus der Kriegskostenentschädigung angekauft (für 325 Millionen Franken)[1]. Noch heute sind die Erträgnisse dieser dem Reiche, nicht dem Lande Elsaß-Lothringen gehörigen Bahnen an das Reich und nicht an den elsaß-lothringischen Fiskus jährlich abzuführen.

Die preußische Regierung ließ sich durch Gesetz vom 4. Juni 1876 ermächtigen, den preußischen Staatsbahnbesitz dem Reiche zum Kaufe anzubieten. Das Reichseisenbahnprojekt kam jedoch nicht zur Ausführung.

Verweilen wir, ehe wir die Ursachen des damaligen Scheiterns erörtern, einen Augenblick bei Betrachtung dessen, was das Reichseisenbahnprojekt, wenn verwirklicht, bedeutet hätte:

a) Einheitlichkeit im deutschen Eisenbahnwesen, vielleicht auch Beseitigung ungleichmäßiger Behandlung einzelner Verfrachtergruppen in verschiedenen Landesteilen.

b) Für Ausübung der großen im Eisenbahnwesen liegenden Macht wäre die Verwaltung folgenden Vertretungen verantwortlich gewesen: dem Bundesrat als der Vertretung aller deutschen Regierungen und dem Reichstag als der auf Grund des geheimen allgemeinen direkten Wahlrechts erwählten Vertretung des gesamten deutschen Volkes.

c) Erwies sich die Verstaatlichung als rentabel, was man nicht voraussehen konnte, so erlangte das Reich beträchtliche selbständige Einnahmen. Eine faktische Schmälerung des Budgetrechts konnte allerdings gefürchtet werden, solange man nicht ahnte, wie sehr die Ausgaben des Reiches steigen würden.

---

1) Zum Kurse 100 Franken = 81 Mk. umgerechnet = 263¼ Millionen Mark.

Aber nicht nur die Vorteile des „Domaniums der Zukunft"[1]), sondern auch die Macht, welche die Herrschaft über ein Beamten- und Arbeiterheer[2]) von Hunderttausenden, die jährlichen Anschaffungen von Materialien und Fahrzeugen im Werte von vielen Millionen, die Tarifpolitik usw. verleihen, wäre der Reichsgewalt zugefallen.

Es war Bayern, Württemberg, Sachsen wohl nachzufühlen, daß sie sich bedingungslos diesem Aufgehen im Reich damals nicht überantworten wollten. Ein möglicher Ausweg, daß sich die Einzelstaaten die Beamtenernennungen und die lokale Tarifpolitik vorbehielten und im übrigen im Bundesrat durch besondere Bestimmungen sich vor Vergewaltigung durch einfache Majorität in Eisenbahnsachen sicherten, scheint 1875/76 nicht in Betracht gekommen zu sein.[3])

Die sogenannten Mittelstaaten wollten damals nicht den teilweisen Verzicht auf Selbständigkeit leisten, den allerdings das Reichseisenbahnprojekt gefordert hätte. Die Abneigung herrschte nicht bloß bei den Regierungen, sondern auch bei Landtagsmitgliedern. Freilich konnte Selbständigkeit nur für die größeren Einzelstaaten, nicht für die thüringischen Kleinstaaten und die Hansastädte beim Scheitern des Reichseisenbahnprojekts erhofft werden. Und tatsächlich erhoffte man die Möglichkeit einer eigenen von Berlin unabhängigen Eisenbahnpolitik. Wie weit dies sich erfüllt hat, bleibt später festzustellen.

Mag man heute wie immer darüber denken, die Idee der Verstaatlichung aller deutschen Bahnen durch das Reich verwirklichte sich nicht. Das Hindernis lag damals nicht an Preußen, sondern an den Mittelstaaten. Der Gedanke der Verstaatlichung, populär

---

1) Dieser Ausdruck, von Lorenz v. Stein gebraucht, sagt, daß die Eisenbahnen die Rolle für die Zukunft spielen, welche den Domänen früher zufiel.

2) Im Durchschnitt 1907 692 408 Beamte und Arbeiter.

3) Von vier Gesichtspunkten konnte der Einfluß im Eisenbahnwesen in Betracht kommen: a) finanziell. In dieser Hinsicht hat man gegenüber der Verstaatlichung durchs Reich in Süddeutschland wohl ungünstiger abgeschnitten; b) als Personenfrage in der Herrschaft über die Angestellten und Ausschließung der nichteinheimischen Elemente; c) in der Tarifpolitik; hierin ist man überall — vom inneren Verkehr abgesehen — heute ebenso von Berliner Einflüssen abhängig, wie wenn man auf Reichsbahnen eingegangen wäre; d) in der Erteilung der staatlichen Aufträge.

gemacht mit Argumenten, welche noch das Reichseisenbahnprojekt vor Augen hatten, blieb jedoch bestehen und verwirklichte sich, aber im Sinne des Erwerbs abgeschlossener Bahnsysteme durch die größten Einzelstaaten.

Voran gingen auf diesem Wege diejenigen Staaten, welche damals besonders dem Reichseisenbahnprojekt abgeneigt waren. Sie kamen der Möglichkeit, daß eine andere Macht die Privatbahnen, die in ihr Gebiet hineinragten, erwerbe und beherrsche, durch Ankauf der Bahnen für Landesrechnung zuvor.

Auf Anregung des Herrn v. Schlör (1874) hin erwarb Bayern durch Gesetz vom 15. April 1875 den Komplex der Ostbahnen (771,8 km)[1]) und rundete dadurch das Staatsbahnnetz im rechtsrheinischen Bayern ab. Die pfälzischen Bahnen blieben jedoch in Privatbetrieb. Das Königreich Sachsen folgte und ging vom sogenannten gemischten Bahnsystem zum Staatsbahnsystem ebenfalls über. Der entscheidende Wendepunkt war hier der 1876 bewirkte Ankauf der wichtigen Leipzig-Dresdner Linie durch den sächsischen Staat.[2])

Nun änderte auch Fürst Bismarck seinen Plan. An der Verstaatlichung wurde festgehalten. Aber statt des Reichs erwarb seit 1879 der preußische Staat allmählich die wichtigsten Linien. Die Herrschaft über die Eisenbahnen war 1883/84 dem Staate endgültig gesichert. Aber dies bedeutete nicht dasselbe wie die Verstaatlichung in Bayern und Sachsen. Entsprechend der Gebietsgestaltung im Norden mußte Preußen auch Bahnlinien, die außerpreußisches Gebiet berührten, zu erwerben suchen. Die preußische Verstaatlichungsaktion bedeutet, daß das preußische Eisenbahnnetz sich dahin ausdehnen mußte, alle wichtigen Durchgangsverbindungen Norddeutschlands zu umfassen.

V. Die Argumentation bei Verstaatlichung der Bahnen durch die größeren Einzelstaaten.

Die Argumente für Verstaatlichung sind von verschiedenem theoretischen Werte gewesen. Bemerken wir doch, daß seit Durchführung der Verstaatlichung einige der damals für die Verstaatlichung offiziell geltend gemachten Gesichtspunkte nicht mehr aufrechterhalten werden.

---

1) Vgl. HWB. III, S. 866.
2) HWB. III, S. 866. Die Verhandlungen hatten 1875 zu einem Einverständnis nicht geführt. Als 1876 das Reichsbahnprojekt erörtert wurde, machte die sächsische Regierung neue Zugeständnisse an die Aktionäre, die zum Erwerb der Bahn führten.

a) Das Monopolargument.

Eine sehr wichtige Beobachtung, welche fast überall, auch wo finanzielle oder politische Bedenken eine Verstaatlichung bisher noch nicht durchdringen ließen, dem Gedanken immerhin Freunde erwirbt, ist folgende:

Eine freie Konkurrenz ist im Bahnbetrieb, auch wo dieser Aktiengesellschaften überlassen wird, nur für den Verkehr zwischen bestimmten Knotenpunkten, nicht aber für den Lokalverkehr denkbar. Auch soweit Konkurrenz unter Eisenbahnen im Fernverkehr herrscht, ist sie vielfach — wenn auch keineswegs immer — eine vorübergehende Erscheinung. Aus wirtschaftlichen Gründen streben die Bahnen zum Monopol oder zur Beschränkung der Konkurrenz durch Abreden verschiedenster Art.

Zunächst erwies sich die noch im preußischen Eisenbahngesetz von 1838 begünstigte Idee der „Konkurrenz auf der Schiene" als unhaltbar. Es ist eine sehr seltene Ausnahme, daß verschiedene Verfrachter ohne Gefährdung abwechselnd eine und dieselbe Schienenlinie benutzen.[1] Ein Zustand, bei welchem jeder beliebige Verfrachter die Bahnlinie mit eigenen Fahrzeugen wie eine Land- oder Wasserstraße benutzt, ist bei Dampfbetrieb oder elektrischem Betrieb aus Rücksichten der Sicherheit vollends ausgeschlossen.

Eine Konkurrenz dadurch, daß drei oder vier Linien — verschiedenen Gesellschaften gehörig — genau dieselben Orte auf genau demselben Wege verbinden, ist unwirtschaftlich. Der Zustand würde in der Mehrzahl der Fälle eine Verschwendung bedeuten. Konkurrieren aber verschiedene Linien dadurch, daß sie einen weit entfernten Endpunkt auf verschiedenem Wege vom gleichen Ausgangspunkte aus erreichen, so herrscht keine Konkurrenz für die Binnenplätze, die gezwungen sind, sich einer bestimmten Linie zu bedienen. Wer von Newyork nach Chicago reist oder Güter verfrachtet, hat zwischen mehreren Linien die Wahl. Wer aber von einem nur an einer der Linien mittendrin gelegenen Binnenplatz die Eisenbahn auf kurze Strecken in Anspruch nimmt, steht einer monopolistischen Unternehmung gegenüber. Man darf nicht glauben, daß eine klug verwaltete Bahn daraus folgern muß: von dem monopolistisch beherrschten Verkehr sei es gut die riesigsten Summen zu fordern. Das Finanzinteresse verlangt, den Verkehr nicht ab-

---

1) So 1890 die Great Western und die London and South Western in Südwestengland.

zuschrecken. Man verdient nur bei Massenbenutzung der Bahnen, und Massenbenutzung ist bei allzu hohen Sätzen ausgeschlossen. Aber es gibt hier einen weiten Spielraum zwischen dem niedrigsten und dem höchsten möglichen Satz. Jedenfalls entschließt man sich schwerer zu Preisminderungen, wenn nicht die Konkurrenz hierzu drängt.

Wenn aber ein Monopol da ist, ist auch die Gefahr eines Mißbrauchs der Macht da.

Dies ist das ernsteste allgemeine Argument in der Verstaatlichungsfrage. Die Lösung kann entweder versucht werden durch gesetzgeberische Beschränkung und durch Verwaltungsaufsicht gegenüber Privatbahnen, oder sie kann angebahnt werden durch Verstaatlichung. Der erstere Weg ist sehr dornenvoll, wenn auch nicht ganz ungangbar. Aber auch die Verstaatlichung als solche ist noch nicht eine sofortige Lösung aller Schwierigkeiten. Das Monopol bleibt Monopol, auch wenn Beamte es verwalten. Der Staat wurde wohl von den begeistertsten Freunden der Verstaatlichung als höheres, ewig gerechtes, nie irrendes Wesen vorgestellt. Aber der Staat ist die nationale Organisation an sich unvollkommener Menschen, beeinflußt durch deren Tugenden und deren Schwächen, auch wohl Interessen und Leidenschaften. In Ländern mit Parteiherrschaft ist oft das Privatmonopol der Bahnen erträglicher als das abwechselnd von entgegengesetzten Parteien ausgebeutete staatliche Eisenbahnmonopol.[1]

Aber auch wo es eine ständige, wirtschaftlich nicht selbst interessierte Bureaukratie gibt, bleibt die staatliche Eisenbahnverwaltung eine monopolistische. Auch das Beamtentum könnte von Vorurteilen und Irrtümern beeinflußt sein, könnte von einer Strömung miterfaßt werden, die jeweilig dem agrarischen oder industriellen Element der Bevölkerung Vorteile auf Kosten der Allgemeinheit zuwenden will.

Was zuerst angesichts der Gefahr des Assessorismus dem Fürsten Bismarck, der diesen keineswegs verehrte, vorgeschwebt hat, ist freilich nicht in dieser Art verwirklicht. Zu einer gesetzlichen Regelung des Eisenbahnwesens, z. B. in der Frage der Anschlußgeleise oder vollends im Tarifwesen, ist es bisher nicht gekommen. Auch der Einfluß der für Gesamtdeutschland geschaffenen Eisenbahnaufsichtsbehörde, des Reichseisenbahnamtes, ist hinsichtlich der wirtschafts-

---

1) Diese Erwägung spricht in den Vereinigten Staaten gegen Verstaatlichung der Bahnen.

politischen Fragen gerade seit der Verstaatlichung sehr in den Hintergrund getreten.[1]

Ein Versuch, die notwendige Fühlung bei Ausübung des Eisenbahnmonopols zwischen Beamtentum und Erwerbsständen herzustellen, liegt in der Schaffung der Eisenbahnräte und des Ausschusses der Verkehrsinteressenten. Jedoch haben diese nur beratende Kompetenz. Das Problem einer Zusammensetzung, die alle berechtigten Interessen vertritt, ist eines der allerschwierigsten. Ein beratender Eisenbahnrat wäre übrigens auch ohne allgemeine Verstaatlichung möglich.

Das Problem, die Konsumenten, insbesondere aber auch neben den Unternehmern die Arbeiterschaft in den Eisenbahnräten zu Wort kommen zu lassen, harrt auch nach der Verstaatlichung in Deutschland meist noch der Lösung.[2]

Fassen wir zusammen: Privatbahnen stellen, wenn nicht weitgehende Kontrolle stattfindet, eine zum Monopol strebende kapitalistische Macht dar. Auch beim sogenannten gemischten System (Staatsbahnen neben Privatbahnen) herrscht nicht so weit gehende Konkurrenz für alle Plätze, daß die Gefahren des Monopols ausgeschlossen sind. Die Verstaatlichung beseitigt ebenfalls nicht den monopolistischen Charakter der Eisenbahnen. Je nach den politischen und finanziellen Zuständen jedes einzelnen Staates kann es bedenklich oder wenig bedenklich sein, dies Monopol der Verwaltung auszuantworten. Die Verstaatlichung ist nicht für alle Staaten ein Fortschritt gegenüber dem privatwirtschaftlichen System. Auch wo sie technisch sich glänzend bewährt, sind Kontrollen der Verwaltungsmacht nicht überflüssig.

---

1) Tatsächlich entwickelt das durch Gesetz vom 27. Juni 1873 geschaffene Reichseisenbahnamt gegenwärtig, seitdem die Aufsicht über Privatbahnen immer mehr an großer Bedeutung verloren hat, seine Haupttätigkeit in folgender Hinsicht: Es sorgt für einheitliche technische Vorschriften, Regelung der Beziehungen zu Militär, Post und Telegraph, insbesondere mit Rücksicht auf Mobilmachungsfragen; es sorgt endlich für die Statistik und für Fortbildung des internationalen Frachtrechts.

2) Eisenbahnbeiräte bestehen seit 1874 in Elsaß-Lothringen, 1877 in Oldenburg, 1878 in Preußen, 1881 in Bayern usw. In Württemberg wurde eine Heranziehung von Vertretern der Handwerker, eventuell auch der Arbeiter und der reisenden Kaufleute zum Eisenbahnbeirat angeregt. Es besteht der Plan, diesen Gedanken in Württemberg in Zukunft zu verwirklichen.

b) Das Zinsgarantie- und das Wohltätigkeitsargument.

Ein Argument, welches für die Verstaatlichung neben dem erst-
erwähnten ins Feld geführt wurde, war folgendes: Privatgesell-
schaften, vom Streben nach Dividende geleitet, seien wohl bereit,
die rentabelsten Linien auszubauen. Für den Ausbau der im Landes-
interesse wünschenswerten Nebenlinien sei das Privatkapital nur
mit Unterstützungen und Zinsgarantien zu gewinnen, oder es bleibe
dem Staate die undankbare Aufgabe, bloß die unrentablen Linien
selbst auszubauen. Bei Zinsgarantien bringe der Staat Opfer,
ohne Einfluß und Kontrolle gewinnen zu können. Bei ausschließ-
lichem Ausbau der unrentablen Linien durch den Staat unter gleich-
zeitiger Überlassung der rentablen Linien an das Privatkapital
könne der Staat nicht so viel Nutzen stiften, als wenn er alle Linien
selbst betreibe und die Verluste am Betriebe in ärmeren Landesteilen durch die Überschüsse der rentablen Linien ausgleiche.

Am meisten zutreffend ist dies Argument für die Verstaatlichung
in Ländern, in welchen die Zinsgarantien den Staatshaushalt
übermäßig belasten. Es ist in Wahrheit die finanzielle Erwägung,
daß Privatbahnen mit Zinsgarantien sich nicht anstrengen und daß
der Staat bei Übernahme des bisher unterstützten Betriebs auf seine
Rechnung wohlfeiler wegkommt, welche insbesondere bei der Verstaatlichung in Österreich und Rußland eine große Rolle gespielt hat.
Doch auch hier schickt sich eines nicht für alle. Frankreich hat, trotzdem es ein Staatsbahnnetz seit 1878 schuf, keineswegs alle bestehenden großen Gesellschaften ausgekauft; es bringt durch Subben-
tionen für unrentable Strecken der Privatbahnen große Opfer, erstens
weil es einem Lande mit bereits über 30 Milliarden Franken Staatsschuld recht bedenklich erscheinen muß, durch schnelle Vermehrung
der Staatsschuld um viele Milliarden den Kurs der Rente zu er-
schüttern, und zweitens weil ohnehin Mitte des 20. Jahrhunderts
dank den französischen Konzessionsbedingungen ein Heimfallsrecht
des Staats gegenüber den Bahnen in Kraft treten wird, also eine
Gelegenheit unentgeltlichen Erwerbs gesichert ist.

Immerhin ist die Strömung für Verstaatlichung in allen Ländern,
welche den Privatbahnen gegenüber stark durch Subventionen und
Zinsgarantien belastet sind, sehr begreiflich. Und es ist hervor-
zuheben, daß außer im britischen Mutterlande, wo den Privatbahnen
keine Unterstützung gewährt wurde, in allen größeren Privatbahngebieten Zinsgarantien oder Subventionen nicht zu vermeiden

waren, selbst nicht in englischen außereuropäischen Niederlassungen, wie z. B. Kanada.

In Deutschland waren bei der Verstaatlichung die Unannehm= lichkeiten der Zinsgarantien nicht in dem Maße hervorgetreten und ausschlaggebendes Moment wie in Österreich und Rußland.

Dafür wurde betont, daß der Staat ärmere Landesteile besser bedenken könne, wenn er über die Überschüsse der besten Linien ver= füge. Insofern hatte dies Argument Bedeutung, als einige der 1873 gegründeten Bahnen notleidend geworden waren und ohne Verstaatlichung kaum ausgebaut worden wären. Es sind auch in Staatsbahnländern von jeher, so z. B. in Bayern, neben rentablen recht unrentable Linien gebaut worden, welche für zurückgebliebenere Landesteile eine Wohltat bedeuteten.

Immerhin hat jedoch die neuere Erfahrung gezeigt, daß die Mittel des Staates, aus bloßer Wohltätigkeit Bahnen zu bauen, recht beschränkt sind, auch wenn er über rentable Linien verfügt. Abgesehen davon, daß sich der Staat[1]) und meines Erachtens mit Recht bei Ausbau neuer Linien von zweifelhafter Rentabilität durch Inanspruchnahme der interessierten Einwohner des Bezirks so nachhaltig zu sichern weiß, daß auch Private unter ähnlichen Umständen das Risiko oft hätten wagen können, hat man gerade im Ausbau der Nebenlinien seit der Verstaatlichung in Preußen und Bayern dem Privatkapital die Gelegenheit zur Betätigung bis= weilen nicht ungern überlassen. Es ist Lokalbahn=Aktiengesellschaften noch gelungen, eine Rente auf Strecken herauszuwirtschaften, an deren Ausbau sich der Staat trotz der Argumente bezüglich der Wohltätigkeitspolitik nicht herangewagt hatte.

c) Das Militärargument.

Ein drittes Argument war das militärische. Auch hier muß sorgfältig gegenüber allgemeinen Wendungen zergliedert werden, was die tatsächliche Entwickelung lehrt.

Daß im strategischen Interesse Linien nötig sein können, die an sich nicht um der Rente willen gebaut werden, ist durchaus zu=

---

1) Ebenso die Kreise beim Bau von Lokalbahnen. Um eine an= gemessene Rente bei Lokalbahnen herauszuwirtschaften und dem Drängen vom Standpunkte der Wohltätigkeitspolitik etwas entgegen= zuwirken, hat sich übrigens der bayerische Staat genötigt gesehen, bei seinen Lokalbahnen einen 20 prozentigen Zuschlag zu den wirk= lichen Entfernungen für Personen= und Güterverkehr, also eine Tarif= erhöhung, durchzuführen.

treffend. Indes wie einzelstaatlichen Verwaltungen in solchem Falle vom Reiche ein Zuschuß gewährt worden ist, so ist Analoges auch gegenüber Privatbahnen möglich.

Etwas heikler ist die Frage, ob nicht die Vorbereitung der Mobilmachung auf einem Staatsbahnnetz besser und verschwiegener als auf einem Privatbahnnetz erfolgen kann. Bedeutung ist auch diesem Argument nicht abzusprechen. Doch hätte dies Argument eigentlich mehr für Reichsbahnen als für einzelstaatliche Bahnen gesprochen, da im Kriege die Armeeangelegenheiten vom Reiche einheitlich zu leiten sind.[1]) Ganz zwingend muß im übrigen das Argument nicht sein, denn sonst hätte man keinerlei Privatbahnnetz, welches zur Mobilmachung mit zu verwenden ist, neben den staatlichen Bahnen mehr dulden dürfen. Auch ist 1870/71 unter Mitwirkung der Privatbahnen die deutsche Mobilmachung glänzend gelungen.

d) Die staatssozialistischen Argumente.

Sozialistisch gestimmte Gemüter sahen besonders in der Verstaatlichung in Preußen den Anfang einer neuen sozialen Ära.

Nicht nur daß man erhoffte, der Staat als Arbeitgeber der großen Beamten- und Arbeiterarmee des Eisenbahnwesens werde in viel höherem Maße als die Privatbahnen die Zufriedenheit hienieden verbreiten, die man bei den in Privatbetrieben beschäftigten Arbeitern vermisse: nein, man hoffte auch, er werde viel billiger wirtschaften durch Ersparnisse an der Bezahlung der leitenden Beamten. Es sei ferner — so erwarteten begeisterte Staatssozialisten — die Verstaatlichung der Bahnen nur ein erster Anfang zu einer weitergehenden Überführung des Erwerbslebens in staatlichen Betrieb. Endlich sei zu erwarten, daß der Staat als Bahnunternehmer nicht nach Dividendengesichtspunkten wie die Privatbahnen, sondern unter Verzicht auf große Überschüsse nach sogenannten gemeinwirtschaftlichen Gesichtspunkten die Beförderung leisten werde.

Es ist nicht zu bestreiten, daß diese Gedanken zur Zeit der Verstaatlichung begeisternd auf viele wirkten. Ob sie bei den leitenden Personen ausschlaggebend waren, ist keineswegs sicher.

Sehr bestritten ist die Frage, ob die Verstaatlichung in Deutschland in Lohn und Arbeitszeit dem Personal sehr viel günstigere

---

1) Die Einflußnahme des Reichseisenbahnamts in Fragen der Vorbereitung der Mobilmachung wäre übrigens auch beim Privatbahnsystem denkbar.

Bedingungen gebracht hat, als in England beim Privatbahnsystem errungen wurden.   Daß einzelne notleidende Privatbahnen, die vor der Verstaatlichung standen, ihr Personal ungünstiger zahlten und länger anstrengten als deutsche Staatsbahnen, beweist nichts prinzipiell in der Sache.   Die Wissenschaft ist in dieser Frage nicht einig, da die Anregungen des Vereins für Sozialpolitik, eingehende Erhebungen über tatsächliche Arbeitszeit und Einkommensverhältnisse der Arbeiter der Staatsbahnen anzustellen, von den Behörden 1898 zurückgewiesen wurden und ein völlig anschauliches und vergleichbares Bild aus den veröffentlichten Ziffern nicht gewonnen werden kann.

Es ist übrigens aus verschiedenen Gründen unwahrscheinlich, daß mit Rücksicht auf Lösung der Arbeiterfrage die Verstaatlichung durchgeführt worden ist.[1])

Das Argument bezüglich der Ersparnis, die der Staat durch geringere Bezahlung der höheren Beamten mache, ist kaum mehr heute von irgendwelchem Gewicht. So wahr es ist, daß unser Fiskus sparsam zu wirtschaften pflegt, so ist doch jede staatliche Maschinerie mit so viel mehr Dienern des Schreibwerks belastet, daß schon hierdurch die Ersparnis an den Aufsichtsratstantiemen wettgemacht wird. Daß aber die Unmöglichkeit, hervorragende Techniker, Ingenieure usw. nach dem üblichen Gehaltsschematismus bei den Staatsbahnen irgendwie so günstig zu bezahlen, wie die Großindustrie sie bezahlt, den Verwaltungen manche Unbequemlichkeit bereitet, ist bekannt. Dies ist überhaupt ein bedenklicher Punkt bei den meisten Staatsbetrieben. Die Schwierigkeit, befriedigend das Arbeitsverhältnis im Interesse beider Teile im Staatseisenbahnbetriebe zu regeln, hat sich als so enorm erwiesen, daß gerade diese Erfahrungen vor allzuweit gehenden Verstaatlichungen anderer Betriebe zurückhalten müßten.

Was endlich die Bereitwilligkeit der Staatsbahnen, zugunsten des Verkehrs auf Überschüsse zu verzichten, betrifft, so liegt die Sache so, daß man in Süddeutschland, wo die Rente gering ist, Überschüsse

---

1) Vgl. W. Lotz, Der Fiskus als Arbeitgeber im deutschen Staatsbahnwesen. (Archiv f. Sozialwissenschaft usw., 1905, Bd. XXI, S. 612ff.) Der größere Teil des Personals ist auch 1907 nach Bd. 28 der Statistik des Reichseisenbahnamts noch nicht ins Beamtenverhältnis mit fester Stellung überführt. Der Anteil der etatsmäßigen Beamten am gesamten Personalstand betrug 1907 bei allen Staatsbahnen (ausgenommen die Militäreisenbahn) im Durchschnitt Deutschlands 34,82 %, am höchsten war er in Mecklenburg (43,00 %) und Bayern (48,04 %). Die Mehrzahl des Personals der Staatsbahnen sind Lohnarbeiter und diätarisch bezahlte Beamte.

sehr gerne haben würde und nicht etwa durchschnittlich billiger
als in Preußen befördert[1]); in Preußen aber ist offiziell der Standpunkt, daß Staatsbahnen nicht auf Überschüsse ausgehen sollen,
verlassen worden, und auch dies hat nachträglich Billigung bei Theo-
retikern, die früher anderer Meinung waren, gefunden.

Die übliche Argumentation, mit der nachträglich das Erwirtschaften
von Staatsbahnüberschüssen gerechtfertigt zu werden pflegt, lautet:
1. durch Eisenbahnüberschüsse würden Steuererhöhungen erspart,
2. Überschüsse der Staatsbahnbetriebe kämen der Gesamtheit zu
   gute, nicht wie beim Privatbahnsystem einzelnen Sonderinteressenten.

Beide Argumente können Richtiges enthalten, dürfen aber nicht
unkritisch übernommen werden. Am ersten treffen sie zu, wenn eine
Staatsbahn durch Fortschritte der Technik und der Verwaltungs-
organisation zugleich die Selbstkosten mindert und die Rente steigert.
Wenn aber eine Staatsbahnverwaltung ihr Monopol ausnützt,
um eine fiskalische Tarifpolitik durchzuführen, die das Aufblühen
sonst steuerfähiger Unternehmungen verkümmert, z. B. die Versorgung freihändlerisch interessierter Betriebe durch Schutzmaßregeln
zugunsten von deren Lieferanten verteuert, so kann der Fall eintreten,
daß das Wachsen der Steuererträgnisse gerade durch fiskalische
Steuerpolitik verlangsamt wird und daß die Verkehrsbelastung,
die sich in den Eisenbahnüberschüssen verbirgt, als Belastung während
der Erwerbsakte unzweckmäßiger und ungerechter wirkt, als eine
die Leistungsfähigkeit besser berücksichtigende Erhöhung einer Ein-
kommens- und Vermögenssteuer. Es ist endlich abhängig vom Gange
der allgemeinen Politik, ob Eisenbahnüberschüsse zu Begünstigung
einzelner mächtiger Schichten oder für Gesamtinteressen verwendet
werden. Es kommt also darauf an, welcher Geist in der Eisenbahntarifpolitik und im öffentlichen Leben überhaupt waltet.

e) Die politische Seite der Verstaatlichung.

Wir sahen: so wichtig das Argument ist, daß die Bahnen zum
Monopol neigen und daher, wenn nicht sonstige Gründe dagegen

---

1) Die durchschnittliche Einnahme betrug:

	in Preußen-Hessen	in Bayern
	1906	1906
pro tkm	3,57 Pf.	3,81 Pf.
pro Pkm	2,46 -	3,09 -

(Vgl. Statist. Jahrb. f. d. Deutsche Reich 1909, S. 43*.)

sprechen, sich zum staatlichen Betrieb eignen können, so wenig können die übrigen Verstaatlichungsargumente, die in der Öffentlichkeit verfochten wurden, als durchaus zwingende Gründe ersten Ranges angesichts der deutschen Verhältnisse betrachtet werden. Es bleibt aber noch ein Umstand, der vielleicht für die Verstaatlichung tatsächlich mit in die Wagschale gefallen ist, zu erwähnen, obwohl es sich hier nicht um einen der Gründe handelt, von denen man im Augenblick der Verstaatlichung am meisten sprach.

Häufig übt bei großen Entscheidungen des öffentlichen Lebens die Rücksicht auf die politische Konstellation den allermaßgebendsten Einfluß.

Vergegenwärtigen wir uns, was es bedeutet hätte, bei der Umkehr der deutschen Handelspolitik im Jahre 1879 die Eisenbahnen nicht zu Bundesgenossen zu haben, was es ferner bedeutet hätte, ohne den Einfluß der staatlichen Eisenbahnverwaltung und ohne die dieser verdankten, von der Landtagsbewilligung ziemlich unabhängigen Überschüsse seitdem zu regieren, so sehen wir mindestens das eine, daß man bei Erörterung der Fragen: „Staatsbahn und Privatbahn" sich stets die politische Tragweite der Maßregeln vor Augen halten muß.

Die große politische Frage, um die es sich in erster Linie bei der Verstaatlichung handelt, ist vor allem das Verhältnis zwischen Eisenbahntarifpolitik und allgemeiner Wirtschaftspolitik. Wenn wir die Tariffragen später verfolgen, kommen wir zum wichtigsten Punkt in der Untersuchung über die Bedeutung der Verstaatlichung.

Und wenn wirklich politische Erwägungen 1879 bei der Verstaatlichung mitgewirkt hätten, wäre dies etwas Überraschendes, nachdem seit 1840 politische Momente auf die Gestaltung der preußischen Eisenbahnverfassung immer wichtigen Einfluß mitausübten?

VI. Heutiger Stand der deutschen Eisenbahnverfassung.

Norddeutschland wird von der preußischen Staatseisenbahnverwaltung gegenwärtig eisenbahnpolitisch durchaus beherrscht. Auch für diejenigen Maßnahmen, durch welche die Interessen außerpreußischer norddeutscher Gebiete, Hamburgs, Bremens, der Thüringischen Staaten usw. berührt werden, ist die preußische Staatsbahnverwaltung nicht den Volksvertretungen dieser Gebiete, sondern nur dem preußischen Landtage Rechenschaft schuldig. Auch die Überschüsse, welche das außerpreußische Norddeutschland den Bahnen Preußens verdienen hilft, fließen lediglich der preußischen Staatslaſſe zu. Für die norddeutſchen Gebiete — vielleicht mit Ausnahme von Mecklenburg und Oldenburg — iſt der Erfolg der gegenwärtigen Löſung der Verſtaatlichungsfrage: weniger Einfluß und weniger Finanzvorteil, als wenn das Reichseiſenbahnprojekt verwirklicht worden wäre.

Ein Ereignis von einer Bedeutung, die kaum überſchätzt werden kann, war die Herbeiführung einer Eiſenbahngemeinſchaft, die ſeit dem 1. April 1897 Preußen und Heſſen-Darmſtadt umfaßt. In den gemeinſchaftlichen Betrieb wurden die vormalige heſſiſche Ludwigsbahn, die oberheſſiſchen Eiſenbahnen und die heſſiſchen ſtaatlichen Nebenbahnen einbezogen. Heſſen wurde bei dem Abkommen von Preußen vorteilhaft bedacht. Indeſſen der Finanzvorteil und der Einfluß des heſſiſchen Staates wäre vielleicht, wenn es ſeinerzeit zur Verwirklichung des Reichseiſenbahnprojekts gekommen wäre, wohl ebenſoſehr zu wahren geweſen. Unwillkürlich erinnerten Kenner der Geſchichte des Deutſchen Zollvereins anläßlich des preußiſchheſſiſchen Eiſenbahnabkommens daran, daß der allgemeinen deutſchen Zolleinigung zunächſt 1828 eine preußiſch-heſſiſche Zollgemeinſchaft vorausgegangen iſt. Man konnte hierzu die Bemerkung fügen, daß das Schwergewicht der preußiſch-heſſiſchen Eiſenbahngemeinſchaft innerhalb Deutſchlands ein viel größeres ſein werde als das der einſt zwiſchen Preußen und Heſſen vollzogenen Zolleinigung. Preußen beherrſcht nunmehr nicht nur ganz Norddeutſchland in allen wichtigen Durchgangslinien, ſondern es erobert ſich auch den Weg zum Einfluß in Südweſtdeutſchland. Dadurch, daß die Main-Neckarbahn, welche Preußen, Heſſen und Baden gemeinſam gehört, in die preußiſch-heſſiſche Verwaltung am 1. Oktober 1902 einbezogen wurde, iſt dieſer Einfluß vergrößert worden. Gleichartige Grundſätze der Eiſenbahnpolitik können nunmehr von ElſaßLothringen an, woſelbſt die preußiſchen Einflüſſe eiſenbahnpolitiſch in letzter Linie ſehr maßgebend geltend gemacht werden können, bis nach Oſtpreußen in Wirkſamkeit treten. Jedenfalls war die Möglichkeit, daß die preußiſch-heſſiſche Gemeinſchaft Zuwachs durch Anſchluß anderer bisher unabhängiger Eiſenbahnſyſteme empfängt, keineswegs ausgeſchloſſen.[1]

---

1) Art. 22 des preußiſch-heſſiſchen Staatsvertrags v. 23. Juni 1896: „Für den Fall, daß die Aufnahme in die Gemeinſchaft von anderen Eiſenbahnverwaltungen des Deutſchen Reichs beantragt und von der preußiſchen Regierung zugeſtanden werden ſollte, wird die heſſiſche Regierung einen Widerſpruch dagegen nicht erheben, wenn die finan-

Unabhängig waren bis 1905 die Staatseisenbahnsysteme von Sachsen, Bayern, Württemberg, Baden, sowie die pfälzischen Privatbahnen geblieben. Eine Eisenbahnpolitik jedoch, die im Durchgangsverkehr von der preußischen abweiche, kann zurzeit keines dieser Eisenbahnsysteme durchführen. Die Eisenbahnrente, welche der Landeskasse zufließt, ist in den selbständig gebliebenen Staatseisenbahnsystemen — besonders in Süddeutschland — erheblich geringer, als wenn das Reichseisenbahnprojekt durchgeführt worden wäre. Der Einfluß der vom preußischen System unabhängigen Staatsbahnverwaltungen ist in Fragen der Beamtenernennung und in allen Fragen des Binnenverkehrs — nicht dagegen in gleichem Maße in Fragen des Fernverkehrs — zurzeit größer, als wenn es zur Verwirklichung des Reichseisenbahnprojekts gekommen wäre. Wenn freilich Preußen einmal den Einfluß, den es von Ostpreußen bis Elsaß-Lothringen geltend machen kann, zur Ablenkung oder erheblichen Erschwerung des auf Süddeutschland bisher entfallenden Durchgangsverkehrs benutzen würde, so könnten die finanziellen Grundlagen der Unabhängigkeit der süddeutschen Staatsbahnsysteme ernstlich gefährdet erscheinen.

Durch das Zustandekommen der preußisch-hessischen Gemeinschaft war es Bayern unmöglich gemacht worden, etwa einen gesonderten Zusammenschluß des rechtsrheinischen bayerischen, des hessischen und des pfälzischen Netzes zu bewirken. Als am 1. Januar 1909 die pfälzischen Bahnen, die für 254,4 Millionen Mark erworben waren, mit dem bayerischen Staatsbahnnetz vereinigt wurden, ergab sich somit für Bayern ein Betrieb, der zwei nichtzusammenhängende Netze umfaßt und die Verkehrsvermittlung anderer Systeme in Anspruch nehmen muß.

Wiederholt tauchten seit dem preußisch-hessischen Eisenbahnabkommen in Süddeutschland Ideen wie zur Zeit des preußisch-hessischen Zollvereins auf. Manche glaubten, daß sich eine Verwaltungsgemeinschaft, die noch mehr süddeutsche Staaten als Hessen mit Preußen vereinigt, eines Tages herausbilden könne. Andere empfahlen eine engere Vereinigung der süddeutschen Eisenbahnverwaltungen untereinander, ein Gedanke, mit dem sich der

---

ziellen Beziehungen nach den in diesem Vertrage angewendeten Grundsätzen geregelt werden." Art. 23: „Jedem der beiden vertragschließenden Staaten soll es vorbehalten bleiben, für den Fall der Abtretung seines Eisenbahnbesitzes an das Deutsche Reich auch die aus diesem Vertrage erworbenen Rechte und Pflichten auf das Reich mit zu übertragen."

Reichskanzler Fürst Hohenlohe, als bayerischer Ministerpräsident, vor 1870 eingehend beschäftigt hatte.

Die weitere Entwickelung wird wohl nicht zum mindesten durch die Finanzlage der süddeutschen Staaten und durch den Umstand mitbestimmt werden, ob es Preußen gelingt, im Süden besondere Sympathien zu gewinnen. Käme es einmal zu einer Ausdehnung der preußisch-hessischen Gemeinschaft auf ganz Deutschland, so wäre übrigens keineswegs derselbe Erfolg wie beim Reichseisenbahnprojekt erreicht. Wäre das Reichseisenbahnprojekt verwirklicht, so würden im Bundesrat alle deutschen Regierungen, auch die des außerpreußischen Norddeutschlands, und im Reichstage Vertreter des gesamten deutschen Volks, auch der Arbeiterklasse, der Verwaltung gegenüber Einfluß ausüben können. Würde hingegen die preußisch-hessische Eisenbahngemeinschaft auf das übrige Deutschland ausgedehnt, so würden die vereinigten Verwaltungen nicht einer Vertretung der gesamtdeutschen Interessen, sondern einzelnen Landtagen verantwortlich sein. In diesem Falle würde infolge der Uneinigkeit der verschiedenen Landtage untereinander die Verantwortlichkeit der Verwaltungen weit weniger klar und wirksam als bei Durchführung des Reichseisenbahnprojekts geregelt sein. Die hanseatischen und die thüringischen Regierungen und Untertanen vollends wären viel schlechter als bei Verstaatlichung aller Bahnen durch das Reich gestellt. Die Bahnrente fiele nur den größeren Staaten zu, obwohl auch ein Teil der Überschüsse im thüringischen und hanseatischen Verkehre mitverdient wird. Ein Einfluß auf den Gang der Eisenbahnpolitik stände nach wie vor diesen Gebieten nicht zu, obwohl sie durch diese Politik mitbetroffen werden.[1])

Seit 1904 kamen Bestrebungen, in anderer Weise als mittels des Reichseisenbahngedankens oder einer ganz Deutschland umfassenden Betriebsgemeinschaft eine engere Verbindung zwischen den deutschen Eisenbahnsystemen zu schaffen, in Fluß. In Württemberg waren 1903 im Landtage sehr unbefriedigende Zustände festgestellt worden.[2]) Durch künstliche Umleitung mit enormen Umwegen sei von anderen — namentlich süddeutschen — Verwaltungen Württemberg ein Durchgangsverkehr entzogen worden, der ihm nach dem natürlichen Stand der Verkehrsentfernungen gebühre. Ausschlaggebende Parteien hatten sich gegen Reichseisenbahnen und gegen Anschluß an die preußisch-hessische Betriebsgemeinschaft

---

1) Hierfür ist es kein Ersatz, daß außerpreußische Interessenten in die preußischen Bezirkseisenbahnräte berufen werden können.

2) Vgl. Sten. Ber. d. württemb. Kammer der Abg. v. 22. Juni 1903.

vielfach in Süddeutschland festgelegt. Durch Initiative des Königs
von Württemberg, der sich an den preußischen König wandte, kamen
Verhandlungen über ein schon früher zwischen Preußen und Bayern
erörtertes Projekt in Fluß, welches den schlimmsten Übelständen
der Eisenbahnzersplitterung und unwirtschaftlichen Zuständen des
bisherigen Betriebs abhelfen soll. Zu den Verhandlungen wurden seit
dem Winter 1904/1905 Vertreter aller größeren deutschen Systeme
zugezogen. Man erwog den Gedanken einer Betriebsmittelgemein-
schaft der deutschen Staatsbahnverwaltungen, wobei im übrigen deren
Selbständigkeit gewährt bleiben sollte.[1]) Erstrebt wurde mindestens
dreierlei: 1. einheitliche Handhabung des Eisenbahnwesens in Deutschland auf nationaler deutscher Grundlage, aber ohne Beeinträchtigung
der Hoheit und der Besitzrechte der Einzelstaaten; 2. größtmögliche Beseitigung der wirtschaftlich schädlichen Leerläufe des Wagenmaterials;
3. unbeschränkte gegenseitige Benutzung des Güterwagenparks.

Erreicht wurde eine die Staatsbahnen umfassende allgemeine
deutsche Güterwagengemeinschaft, d. h. eine teilweise Be-
triebsmittelgemeinschaft, die sich jedoch nicht auf Personenwagen,
Kohlen, Schienen usw. mit erstreckt. Mit Wirksamkeit vom 1. April
1909 ab schlossen sich die bayerischen, württembergischen, sächsischen,
badischen Staatsbahnen mit den schon früher in einem Verband
geeinten preußisch-hessischen, oldenburgischen Staatsbahnen, Reichsbahnen, mecklenburgischen Staatsbahnen zum deutschen Staats-
bahnwagenverband zusammen. Als Zweck des Abkommens wird
bezeichnet, durch freie Verwendung der Güterwagen „den Verkehr
zu fördern sowie den Betrieb und die Abrechnung zu vereinfachen
und zu verbilligen". Bis dahin durften fremde Güterwagen, die auf
einem Bahngebiet beladen ankamen, nur binnen bestimmter Be-
nutzungsfristen und in der Richtung zur Heimatbahn wieder beladen
werden, sonst mußten sie leer zurückrollen. Nunmehr wird ein Bestand von etwa einer halben Million Güterwagen, die Sonder-
eigentum der beteiligten Bahnen bleiben, unter Mitwirkung der
einzelnen Bahnverwaltungen, gewisser Gruppenausgleichsstellen
und des Hauptwagenamts in Berlin nach Bedarf auf das gesamte
deutsche Netz verteilt. Es wird nicht nur die Abrechnung vereinfacht,
sondern eine wesentliche Minderung der auf 200 Millionen Achs-
kilometer geschätzten bisherigen Leerläufe erhofft. Einheitliche Grundsätze gelten für Beschaffung des Güterwagenparks.[2])

---

1) Vgl. Sten. Ber. d. Reichstages v. 18. Jan. 1905.
2) Vgl. Zeitung d. Ver. deutscher Eisenbahnverwaltungen 1909,
S. 209ff. und 1045ff., 1057ff., 1073ff.

Dritter Vortrag.

Gütertarifwesen.

Literatur zu Vortrag 3.

Vgl. die zu Vortrag 1, A und zu Vortrag 2 aufgeführte Literatur, ferner:

Burmeister, Hans, Geschichtliche Entwickelung des Gütertarifwesens der Eisenbahnen Deutschlands. Leipzig 1899.

Weichs-Glon, Frhr. zu, Das finanzielle und soziale Wesen der modernen Verkehrsmittel. Tübingen 1894.

Ulrich, F., Das Eisenbahntarifwesen im allgemeinen usw. Berlin 1886.

Ulrich, F., Staffeltarif und Wasserstraßen. Berlin 1894.

Rank, Emil, Das Eisenbahntarifwesen in seiner Beziehung zu Volkswirtsch. u. Verw. Wien 1895.

De Terra, Otto, Im Zeichen des Verkehrs. Berlin 1899.

Barthold, Karl, Die Eisenbahn-Tariffrage. Karlsruhe 1909.

Zeitung d. Vereins deutscher Eisenbahnverwaltungen vom 3. Nov. 1898, Zusammenstellung bemerkenswerter Äußerungen des Fürsten Otto v. Bismarck über Eisenbahntarifwesen nach Poschinger.

Seidler, E., und Freund, A., Die Eisenbahntarife in ihren Beziehungen zur Handelspolitik. Leipzig 1904.

Einleitung von W. Lotz zu Bd. 89 der Schriften des Vereins für Sozialpolitik.

Fuchs, Heinrich, Geschichte des badischen Gütertarifwesens bis zur Tarifreform 1877. Karlsruhe 1907.

Hugo Rich. Meyer, Government regulation of railway rates. New York u. London 1905.

Edwin A. Pratt, German railways and traders. London 1909.

I. Die Entwickelung bis 1877.

Die Preisfestsetzungen der Verkehrsanstalten gegenüber dem Publikum sind zunächst derart möglich, daß von Fall zu Fall ein Abkommen mit den Verfrachtern größerer Mengen von Gütern getroffen wird. Die Folge ist ein fortwährendes Schwanken der Frachtsätze und eine verschiedene Behandlung verschiedener Verfrachter. Solche Preisfestsetzung von Fall zu Fall ist heute im Schiffahrtsbetriebe das Übliche. Ähnliches herrscht in Privatbahnländern gegenüber den Verfrachtern größerer Gütermengen so lange, bis der Staat eingreift und eine gleichmäßige Behandlung der Verfrachter erzwingt. Gegenüber den Verfrachtern kleinerer Mengen ist auch

in Privatbahnländern ohne staatliche Tarifaufsicht ein individuelles
Feilschen um den Frachtsatz zu umständlich. Hier wird der Tarif,
d. h. ein System einheitlicher Grundsätze der Preisfeststellung,
angewendet, ähnlich wie bei den Umsätzen der Warenhäuser und
anderer Großbetriebe des Detailhandels mit den Kleinkonsumenten.

Soweit in Deutschland eine tarifmäßige, d. h. nach den Normalsätzen erfolgende Behandlung der Verfrachter stattfand, hatte sich
bis 1870 allmählich das sogenannte System der Wertklassifikation herausgebildet. Sowohl in dem gemischten System Deutschlands, wo Privatbahnen und Staatsbahnen nebeneinander bestanden,
wie in den Ländern des reinen Privatbahnwesens hat sich diese
Wertklassifikation ganz natürlich in folgender Weise entwickelt.
Anfänglich erhebt man allgemeine Frachtsätze, welche pro Zentner
und Bahnstunde, später pro Zentner und Meile berechnet sind.
Man entdeckt, daß diese hohen Normalsätze solche Güter von Benutzung
der Eisenbahn abschrecken, bei denen mehrere Zentner nur einen geringen Marktwert darstellen. Diamanten zwar werden nicht Massen-
transportartikel, auch wenn die Frachtsätze minimal sind. Güter
dagegen, von denen eine Menge von 1000 kg einen sehr geringen
Wert an der Erzeugungsstätte darstellt, werden erst bei billigen
Frachtsätzen transportfähig. Die Bahn lockt den Verkehr in gering-
wertigen Massengütern auf ihre Linien, indem sie um so mehr
Ermäßigungen gegenüber den höchsten Frachtsätzen zugesteht, je
geringer der Marktwert einer bestimmten Gewichtsmenge von Gütern
ist. Man hat bei der Wertklassifikation die ursprünglichen hohen
Frachtsätze für die höchstwertigen Güter, bei denen die Fracht gegenüber den sonstigen Anschaffungskosten keine große Rolle spielt, so
lange als möglich fortbestehen lassen; je geringer der Marktwert
der Waren, um so niedriger die tarifmäßigen Frachtsätze. Man fordert
„so viel als der Verkehr ertragen kann". Es ist nicht etwa notwendig
bloß die Konkurrenz, welche verständige Eisenbahnverwaltungen zu
Tarifermäßigungen für geringwertige Güter drängen mußte.
Auch wenn man ein Monopol ausübt, ist man interessiert, daß die
Verkehrsanstalten möglichst viel benutzt werden und daß das Wachstum
des Verkehrs nicht durch Abschreckungsfrachten hintangehalten wird.
Auch vom Standpunkt eines verständig gehandhabten Monopols
aus treiben zwei Rücksichten dazu, eine Steigerung des Verkehrs zu
ermutigen:

a) Jede Bahnverwaltung muß, wenn sie überhaupt regelmäßige
Züge gehen läßt, eine Menge sogenannte tote Last (Lokomotiven,

Tender usw.), die ihr nichts einbringt, transportieren. Das Interesse ist, die sogenannte Nutzlast, d. h. diejenigen beförderten Gewichtseinheiten, die eine Frachteinnahme erbringen, gegenüber der toten Last möglichst zu steigern.

b) Bei Berechnung ihrer Selbstkosten bemerken die Eisenbahnen, daß keineswegs bei jeder Steigerung des Verkehrs die Selbstkosten im selben Maße wie die Verkehrssteigerung wachsen. Etwa 50 Proz. aller Ausgaben der Eisenbahn (Verzinsung des Anlagekapitals für Schienen, Ober- und Unterbau, Stationsgebäude usw.) müßten aufgebracht werden, auch wenn die Bahn gar keinen Verkehr zu bedienen hätte. Anderseits steigt dieser Teil der Ausgaben nicht bei Zunahme des Verkehrs, solange nicht neue Brückenbauten, Stationserweiterungen, neue Geleise usw. erfordert werden. Von den übrigen Ausgaben, die nicht die Verzinsung des Anlagekapitals, sondern den Betrieb betreffen, steigt ebenfalls nur ein Teil bei zunehmendem Verkehr. Die Bezahlung des Stationspersonals, der Bahnwärter usw. und ein großer Teil anderer Betriebsausgaben ist zu leisten, mag der Verkehr groß oder klein sein. Diese Ausgaben wachsen erst sehr beträchtlich, wenn intensiver Nachtbetrieb eingeführt werden muß usw. Man nimmt an, daß bei steigendem Verkehr nur ein Teil der Ausgaben, etwa 25—30 Proz. der gesamten Ausgaben überhaupt, steigen müsse. Jedenfalls gibt es eine Menge Fälle, in welchem stark steigender Verkehr — dadurch, daß die Selbstkosten nicht gleichmäßig mit der Verkehrsausdehnung wachsen — selbst dann steigende Überschüsse liefert, wenn die durchschnittliche Frachteinnahme für die Leistung 1000 kg 1 km weit zu befördern (1 tkm) sich fortgesetzt ermäßigt.

Die Güterfrachten in Deutschland stuften sich im übrigen außer nach dem Werte der Güter sehr bald auch nach der Schnelligkeit der Beförderung und der Raumausnutzung ab. Die teuersten Sätze forderte man für schleunige Transporte, sogenanntes Eilgut: wohlfeiler wurde Stückfrachtgut befördert, d. h. solches mit langer Lieferfrist zu befördernde Gut, von welchem die mit einem Frachtbriefe aufgegebene Menge weder den Wagenraum, noch die Tragfähigkeit des Wagens voll ausnützt. Die wohlfeilsten Sätze wurden in Deutschland wie anderwärts für Wagenladungsfrachtgüter erhoben, d. h. solche mit langer Lieferfrist zu befördernde Güter, bei denen die mit einem Frachtbrief aufgegebene Menge die Tragfähigkeit eines Wagens voll ausnützt. Die Tragfähigkeit der Güterwagen war anfangs nur gering; in Bayern galt 1845 eine Menge von 3 t (60 Zentner = 3000 kg) als Wagenladung. In Deutschland galt jahrzehntelang 10 t (10 000 kg) als normale Wagenladung. Am 30. September 1905 hatten von den Güterwagen der preußisch-hessischen Gemeinschaft[1])

19,1 %	ein Ladegewicht von . .	10	t
19,5 =	= =	12,5—14,9 =	
56,5 =	= =	15	=
2 =	= =	20	= u. m.

Der 15 t - Typ überwiegt also heute. In den Vereinigten Staaten hat die Verwendung von Güterwagen noch weit größerer Tragfähigkeit große Fortschritte gemacht.

Eine sehr einfache Kombination der Grundsätze, die Güter nach Schnelligkeit der Beförderung, Raumausnutzung und Wert pro Gewichtseinheit und Streckeneinheit zu tarifieren, findet sich in dem ältesten bayerischen Staatsbahntarif vom 1. Juli 1845:

	pro Zentner und Bahnstunde	das ist pro tkm rund
a) Eilgut	1,5 Kr.	0,226 Mk.
b) Normalklasse	1 =	0,151 =
c) Ermäßigte Klasse (z. B. Landesprodukte einschl. Getreide und Rohstoffe)	0,5 =	0,075 =
d) Güter der Klasse b, in Ladungen von 60 Ztr.	0,85 =	0,128 =
e) Güter der Klasse c, in Ladungen von 60 Ztr.	0,45 =	0,0675 =

Hierzu trat damals jedoch keine Expeditionsgebühr.

---

1) Vgl. Archiv f. Eisenbahnwesen 1907, S. 399ff. In Bayern verteilt sich nach Beil. 6 c des Jahresberichts für 1907 der Bestand der Güterwagen folgendermaßen:

Bestand Ende 1907 auf Hauptbahnen:

	mit Ladegewicht zu				
	5 t	10 t	12½ t	15 t	20 t
bedeckte Güterwagen .	6	7023	6	4708	258
offene Güterwagen . .	—	2736	2337	5621	100

Außerdem waren 51 Kohlenwagen zu 38 t, zahlreiche Plattformwagen von 10 bis 50 t, überwiegend zu 15 t, und verschiedene Arten von Spezialwagen vorhanden.

Dadurch, daß Bayern seit 1855 — dem Beispiel anderer Länder folgend — außer diesen mit der Entfernung mechanisch mehrbelastenden Streckensätzen noch besondere Abfertigungsgebühren erhob, bahnte sich zunächst noch schwach und unentschieden ein neuer Gedanke im Tarifwesen an, der Gedanke der fallenden Skala der Gesamtfrachtkosten pro Zentner und Bahnstunde bei steigender Entfernung. Die Gesamtfrachtkosten sind nunmehr stets zu ermitteln, indem man den Streckensatz mit der Zahl der Bahnstunden (heute der Kilometer) mechanisch multipliziert und die Abfertigungsgebühr, die von einer bestimmten Entfernung an nicht mehr steigt, hinzuzählt. Teilt man diese Gesamtfracht durch die Zahl der Bahnstunden bzw. Kilometer, so ergibt sich für größere Entfernungen pro Zentner und Bahnstunde, bzw. pro Tonnenkilometer ein niedrigerer Frachtsatz als bei Entfernungen von 100 km. Absolut genommen steigt freilich stets die Fracht mit der Entfernung.

Außer dem System der Wertklassifikation, welches in Deutschland wie anderwärts bei Privat- und Staatsbahnen bis 1870 für Massengüter vorherrschte, entwickelte sich während des Krieges 1870/71 ein anderes einfacheres Tarifsystem. Dieses sogenannte natürliche oder Wagenraum-Tarifsystem soll schon 1867 in Nassau angewendet worden sein. Jedenfalls aber war erst die Durchführung in ElsaßLothringen bahnbrechend für die Zukunft. Das WagenraumTarifsystem nahm keine Rücksicht auf den Wert der Güter, sondern stufte die Sätze nur ab 1. nach der Entfernung, 2. danach, ob Eilgut, Stückgut, Wagenladungen zu 5000 kg oder zu 10 000 kg aufgegeben wurden. Bei der Aufgabe von Wagenladungen wurden wieder niedrigere Sätze erhoben, wenn offene Wagen, höhere Sätze, wenn gedeckte Wagen vom Verfrachter verlangt wurden.[1]) Man hat diesen elsaß-lothringischen Wagenraum-Tarif bisweilen als einen „gemeinwirtschaftlichen" im Gegensatz zu dem angeblich privatwirtschaftlichen System der anderwärts herrschenden Wertklassifizierung bezeichnet. Irgend ein einleuchtender Grund für diese Anschauung ist kaum zu finden. In Wirklichkeit war der elsaßlothringische Wagenraum-Tarif nicht sozialen Erwägungen verdankt, sondern ein Verlegenheitsprodukt. Bis zur deutschen Be

---

1) Allerdings wurde noch — in Abweichung vom Wagenraumprinzip — eine ermäßigte Klasse für bestimmte geringwertige Massengüter mit Rücksicht auf Artikel 45 der Reichsverfassung hinzugefügt. Vgl. Burmeister a. a. O., S. 11; Fuchs a. a. O., S. 36.

setzung waren die elsaß-lothringischen Bahnen ein Teil des Netzes
der französischen Ostbahn-Gesellschaft gewesen. Die Tarife der
Ostbahn waren sehr verwickelte Wertklassifizierungstarife und in
französischer Sprache abgefaßt. Die mit diesem Tarif vertrauten
französischen Beamten verschwanden. Die Hilfskräfte, welche den
Deutschen bei der Besetzung Elsaß-Lothringens zu Gebote standen,
waren nicht auf diesen Tarif und insbesondere auch nicht aufs Französische eingeschult. Man mußte also so einfach und gemeinverständlich
als möglich die Frachtsätze abstufen. Der elsaß-lothringische Wagenraum-Tarif war ein sehr gemeinverständlicher, nicht aber ein gemeinwirtschaftlicher Tarif. Im Kriege eingeführt, wurde dieses Tarifsystem auch beibehalten, als beim Friedensschluß das Deutsche Reich
die elsaß-lothringischen Bahnen käuflich erwarb. Das elsaß-
lothringische Wagenraum-Tarifsystem hatte außer seiner Einfachheit einen Vorzug, der es noch mehr beliebt machte. Die Sätze
waren überaus billig. Die Konkurrenz dieser billigen Sätze wirkte
zunächst auf die übrigen südwestdeutschen Bahnen und zwang dort
zu Änderungen des bisherigen Systems. Auch auf Bayern und
Württemberg wirkte die Neuerung weiter. Die Tarifsysteme Bayerns
und Württembergs, die schon früher eine Verbindung des Gedankens
der Wertklassifikation und der Wagenraum-Tarifierung dargestellt
hatten, wurden vollends in diesem Sinne weiter entwickelt. Das
sogenannte gemischte Tarifsystem dieser Staaten sollte später für
ganz Deutschland vorbildlich werden. Somit herrschte um 1875
im Südwesten das Wagenraum-Tarifsystem, im Südosten das
gemischte System, in Norddeutschland das reine Wertklassifikations-
system. Dabei waren die Grundsätze der Einreihung der einzelnen
Güter in den Tarif bei den meisten Bahnen außerdem wieder verschieden. Das Mißvergnügen über den Wirrwarr, der im Tarifwesen
herrschte, wurde noch verschärft, als 1874 mit Genehmigung der
Regierungen eine 20 prozentige Tariferhöhung durchgesetzt wurde,
die später für den Fernverkehr vielfach wieder aufgegeben wurde.
Die Aufsicht über das Tarifwesen der Privatbahnen war äußerst
unvollkommen. Viele kleine Systeme existierten in Deutschland.
Der Zusammenschluß in wenige große Netze war noch nicht
durchgeführt. Außer der Ungleichmäßigkeit der Tarifgrundsätze
bildeten einen Gegenstand fortwährender Klage die Schikanierungen,
denen das Publikum unterworfen war, wenn Güter von einer
Bahn zu einer anderen übergingen. Am meisten besprochen
wurde jedoch die Entwickelung der sogenannten Differential-

tarife[1]), die man als eine besondere Eigentümlichkeit des Privat-
bahnsystems damals anzusehen geneigt war.

Die Erfahrung hat seitdem ergeben, daß keineswegs alles, was
man als Differentialtarif bezeichnete, schlechterdings zu verurteilen
sei. Ein Mißbrauch allerdings, der sich bei mangelnder Staatsaufsicht im Privatbahnsystem leicht einschleicht, ist die Gewährung
von Rabatten an einzelne große Verfrachter für bestimmte Transporte. Besonders wenn diese Frachtrückvergütungen im geheimen
erfolgen (sog. Refaktien), konnten bedauerliche Störungen des ehr-
lichen Wettbewerbs der Produzenten eintreten. Wenn hingegen
öffentlich und unter gleichmäßiger Behandlung aller Verfrachter
dadurch ein Differentialtarif gewährt wird, daß man bei Transporten
auf große Entfernungen pro Tonnenkilometer niedrigere Frachten
erhebt als im Nahverkehr, so kann ein völlig rationelles, den Selbstkosten entsprechendes Verfahren vorliegen.

Zunächst allerdings hatten beim Privatbahnsystem Konkurrenz-
rücksichten zur Abweichung von dem mechanischen Prinzip geführt,
genau mit der Entfernung die Gesamtfracht steigen zu lassen. Indem
sich zwei konkurrierende Bahnlinien bemühten, den Durchgangsverkehr zwischen zwei Endpunkten einander abzugewinnen, kam
man unter Umständen dazu, daß für die absolut längere Entfernung
zwischen zwei Knotenpunkten, deren Verkehr der Konkurrenz ausgesetzt ist, ein überhaupt niedrigerer Frachtsatz gefordert wurde
wie für eine kürzere Strecke desselben Bahnnetzes, welche jeder
Konkurrenz entrückt war.[2]) Es ist sehr begreiflich, daß solche Un-
regelmäßigkeiten der Frachtberechnung für Zwischenstationen äußerst
unbequem waren. Die Verfrachter klagten hier sehr einleuchtender
Weise, wenn sie bei kürzerer Entfernung teurer bedient wurden

---

1) Unter dem Ausdruck Differentialtarif wird sehr Verschiedenes
verstanden. Die einen verstehen darunter Tarifverschiedenheiten, die
sich aus der Berechnung ungleicher Einheitssätze pro Tonnenkilometer
für gleiche Mengen desselben beförderten Gegenstandes von und nach
Stationen derselben Linie ergeben; andere meinen die Verschieden-
heiten, die sich aus der ungleichen Tarifierung gleicher Mengen
desselben Gutes auf gleich langen Strecken derselben Eisenbahn ergeben; wieder andere verstehen darunter jede nicht genau nach den
Entfernungen abgestufte Bemessung der Beförderungspreise.

2) Solch eine sogenannte „Frachtdisparität" wird noch im Handels-
kammerbericht Frankfurts von 1884 geschildert: es kostete damals im
belgisch-südwestdeutschen Verkehr ein Doppelwaggon Getreide von
Antwerpen bis Frankfurt 176 Mk., von Antwerpen bis Mannheim
Transit dagegen 110 Mk.

als der Verkehr zwischen zwei entfernten Endpunkten. Trotzdem
lag an sich in dem Gedanken einer Tarifbildung, die von der mechanischen Multiplikation des Streckensatzes mit der Entfernung abwich),
etwas kaufmännisch Richtiges. Ebensosehr die Staatsbahnsysteme
wie die durch Konkurrenz hierzu zuerst genötigten Privatbahnen
erkennen heute an, daß die Selbstkosten der Beförderung eines
übernommenen Transportes auf 1000 km nicht zehnmal so groß
sind als die der Beförderung derselben Last auf 100 km. Das
Problem, die Ferntarife entsprechend den Selbstkosten befriedigend
und verhältnismäßig zu ermäßigen, ist ebenso für Privatbahnen
wie Staatsbahnen vorhanden. Von gemeinwirtschaftlichen und
privatwirtschaftlichen Systemen als Gegensätzen hier zu reden ist
kaum angebracht — es sie denn, daß man Zustände der Willkür,
wie sie bei mangelnder öffentlicher Kontrolle sich herausbilden
können, als etwas dem privatwirtschaftlichen System und nur
diesem notwendig Eigentümliches ansieht.

Während um 1875 die Unzufriedenheit der öffentlichen Meinung
mit den herrschenden Tarifzuständen in Deutschland bei den einen
in Verstaatlichungsforderungen, bei den andern in der Forderung
einer energischen Beaufsichtigung des Tarifwesens durch das Reich
im einheitlichen Sinne sich äußerte, kam im Jahre 1876 endlich eine
freiwillige Einigung deutscher Eisenbahnen über einheitliche Tarifgrundsätze zustande. Dieser Vereinbarung, die zunächst ohne Mitwirkung der preußischen Staatseisenbahnen erfolgt war[1]), trat
Preußen später bei. 1877 war der sog. Reformtarif festgesetzt, 1880
war er durchgeführt. Dies bedeutete zunächst nicht „materielle
Tarifeinheit" oder Übereinstimmung in den wirklichen Beförderungs-
preisen. Letztere ist, und zwar nur für den Verkehr von 100 km an,
erst viel später, nämlich 1890, zustande gekommen.[2]) 1877 wurde
zunächst formelle Tarifeinheit erreicht. Soweit nicht nach Aus-
nahmefrachtsätzen, die auch noch heute eine sehr wichtige Rolle
spielen, billiger befördert wird, soweit also die normalen Fracht-
gebühren erhoben werden, wurde ein gleichartiges Tarifschema
vereinbart. Weder das reine Wagenraum-Tarifsystem, noch die
reine Wertklassifikation, vielmehr die Kombination beider Prinzipien — entsprechend dem bisherigen bayerischen und württembergischen System — wurde Grundlage des deutschen Reform-

---

1) Vgl. Ulrich, Eisenbahntarifwesen. S. 261.
2) Vgl. Burmeister, a. a. O., S. 50.

tarifs. Dieser Reformtarif war zunächst ein einheitliches Preis-
kurantformular. Die Sätze, die nach diesem Formular zu erheben
waren, konnten die einzelnen Verwaltungen verschiedenartig bemessen, bis 1890 zur formellen die materielle Tarifeinheit für die
Normalfrachtsätze, nicht aber für die Ausnahmetarife hinzugetreten ist.

II. Tarifpolitische Hoffnungen bei der Verstaatlichung.

Recht weitgehende Erwartungen wurden von Anhängern der
Verstaatlichung hinsichtlich der Reform des Tarifwesens gehegt.
Eine neue Zeit gemeinwirtschaftlicher Grundsätze sollte auf die des
privatwirtschaftlichen Eisenbahntarifwesens folgen. Man hoffte,
dieser „gemeinwirtschaftliche" Standpunkt und nicht bloß das Bestreben, eine möglichst hohe Rente zu erzielen, werde künftig maßgebend sein. Fürst Bismarck vertrat ferner unter Hinweis auf die
gesetzliche Regelung des Posttarifwesens Ende 1878 das Prinzip,
eine möglichst einheitliche Regelung des Tarifwesens durch Reichs-
gesetz solle eintreten. Ausnahmetarife sollten nur auf Grund der
Gesetzgebung eingeführt und beibehalten werden. Differentielle
Tarife, soweit sie das Anwachsen der großen Städte oder die Einfuhr
fremden Holzes und Getreides begünstigten, sollten nach dem Wunsche
des Fürsten Bismarck beseitigt werden. Die Tarifpolitik sollte zugleich in den Dienst der nationalen Schutzpolitik, welche seit 1879
im Zollwesen herrscht, gestellt werden. Jedenfalls solle für Staatsbahnen nicht der „privatwirtschaftliche" Standpunkt, nicht das
unbekümmerte Streben nach der höchsten Rente, maßgebend sein.

Diejenigen, welche in der Literatur die Verstaatlichungspolitik
des Fürsten Bismarck am lebhaftesten und eindrucksvollsten unterstützten, nahmen bezüglich der Höhe der nach durchgeführter Verstaatlichung zu erhebenden Eisenbahnfrachten folgende Grundsätze
in Aussicht:[1]

1. Bis zum vollständigen Ausbau des Eisenbahnnetzes müsse allerdings noch privatwirtschaftlich verwaltet werden. Die Überschüsse
der einträglichen Linien könnten zunächst nicht entbehrt werden,
sie seien jedoch nunmehr zu verwenden, um die Verluste aus un-
rentabeln Bahnstrecken auszugleichen oder das Kanalnetz zu ver-

---

1) Vgl. Ad. Wagner, Finanzwissenschaft, Bd. I, 3. Aufl., Leipzig
1883, S. 659, 660; Ulrich, Eisenbahntarifwesen, Berlin und Leipzig
1886, S. 22, 23.

größern. Nicht etwa daß eine allgemeine Überschußwirtschaft erstrebt
werde; doch sei in dieser Periode wenigstens eine solche Herabsetzung
der Frachtsätze zu vermeiden, die eine Zubuße der Steuerzahler
zum Eisenbahnhaushalt erfordere. Es sei ungerecht, wenn die der
Eisenbahn noch entbehrenden Landesteile erstens unter dem Mangel
an Eisenbahnen leiden und zweitens noch Steuern zahlen müßten,
damit die mit Eisenbahnen ausgestatteten Gebiete Frachtbeförderung
unter den Selbstkosten genössen.

2. Je mehr der Ausbau des Eisenbahnnetzes, besonders der Hauptbahnen, voranschreite, um so mehr sei ein allmählicher Übergang
zum sog. Gebührenprinzip möglich, d. h. zu dem Grundsatz, die
Frachten nur in der Höhe der Selbstkosten zu bemessen. Freilich seien
auch in dieser Zeit Überschüsse über den Bedarf für Betriebsausgaben,
sowie für Verzinsung und Tilgung des Bahnanlagekapitals hinaus
nicht unwillkommen. Solche Überschüsse müßten jedoch dem Bahn-
wesen wieder zugute kommen, insbesondere für Nebenbahnen
verwendet werden.

3. Sei endlich durch eine allmähliche Tilgung die Eisenbahnschuld amortisiert, so sei es zulässig, die Frachten so niedrig zu bemessen, daß zwar nicht umsonst, nicht also nach dem Prinzipe des
freien Genußgutes, wohl aber nach dem „Gebührenprinzip" befördert werde, vornehmlich also nur ein Ersatz der Betriebskosten
durch die Frachten erstrebt werde. Unter Umständen seien freilich
auch dann noch Überschüsse gestattet.

Diese Hoffnungen, die bei der Verstaatlichung ausgesprochen
wurden, sind heute nicht völlig verwirklicht. Die beträchtlichen
Überschüsse, welche über den Bedarf der Verzinsung und Tilgung
der Eisenbahnschuld hinaus in Preußen seit der Verstaatlichung
erzielt wurden, sind nicht bloß für den Ausbau neuer Linien, Ausrüstung der bestehenden Bahnen mit neuem Material und Herabsetzung der bisherigen Frachten, sondern in sehr erheblichem Maße
für Zwecke, die dem Eisenbahnwesen fremd sind, für Deckung allgemeiner Staatsausgaben, verwendet worden. Die beträchtlichen
Frachtermäßigungen, welche tatsächlich in Preußen gewährt wurden,
haben außerdem nicht bewirkt, daß die Eisenbahnüberschüsse verschwanden. Die Steigerung des Verkehrs brachte bei der herrschenden
und an sich löblichen Sparsamkeit trotz vieler Ermäßigungen der
Tarife steigende Überschüsse. Damit ist nicht gesagt, daß, wenn man
das Programm, daß die Staatsbahnen nicht nach Überschüssen
streben sollten, durchführen wollte, sich nicht Tarifmaßregeln und

Verkehrserleichterungen anderer Art finden ließen, bei denen die Überschüsse verschwänden.

Auch der ursprüngliche Plan des Fürsten Bismarck, die Tarife auf dem Wege der Gesetzgebung festzulegen, ist nicht verwirklicht worden. Die Bedeutung der Ausnahmetarife ist zwar in Deutschland nicht ganz so groß wie in England, wo neun Zehntel aller Transporte unter den normalen Sätzen — wie man sagt — befördert werden. Daß aber die Hälfte aller Güter und mehr nicht zu den normalen, sondern zu Ausnahmesätzen befördert werden, ist auch nach der Verstaatlichung in Preußen und Bayern und wohl auch anderwärts nachweisbar. Nicht auf dem Wege der Gesetzgebung, sondern nach dem Ermessen der Verwaltung werden die Tarife, sowohl die normalen Tarife wie die Ausnahmefrachtsätze, heute festgesetzt. Die Verwaltung beruft Interessenvertreter mit lediglich beratender Stimme in den Eisenbahnrat. Die Bedeutung der Reichsaufsichtsinstanz, welche auch eine Kontrolle der Ausnahmetarife ausüben könnte, hat sich gerade in dieser Hinsicht seit der Verstaatlichung verringert. Während in Privatbahnländern die Verwaltungen in Tarifsachen einer Aufsichtsinstanz unterstehen, sind die deutschen Staatseisenbahnverwaltungen in der Lage, die große Macht der Tarifpolitik jedenfalls ohne Fesselung durch die Gesetzgebung zu handhaben.[1]

Hinsichtlich der Stetigkeit und Öffentlichkeit aller Tarife einschließlich der Ausnahmetarife, hinsichtlich der Beseitigung persönlicher Bevorzugungen und endlich hinsichtlich der schutzzöllnerischen Ausgestaltung des Eisenbahntarifwesens sind hingegen die bei der Verstaatlichung vom Fürsten Bismarck ausgesprochenen Absichten verwirklicht worden. Über die Ergebnisse haben wir nunmehr Überschau zu halten.

III. Die gegenwärtig gültigen Normaltarife.

Wie bereits bemerkt, ist für den Verkehr auf Entfernungen über 100 km gegenwärtig, soweit nicht Ausnahmetarife in Betracht kommen, in Deutschland nicht nur formelle, sondern auch materielle

---

1) In Bayern trifft für jede Finanzperiode die Gesetzgebung über Eisenbahntarife Bestimmungen; das Bewilligungsrecht der Kammern wird aber nur hinsichtlich der Höchstsätze ausgeübt, ist also für die Ausnahmetarife bedeutungslos.

Tarifeinheit erreicht. Wer nach dem Normaltarif Güter verfrachten will, muß lediglich folgende sehr einfache Regeln beachten: Die Fracht setzt sich zusammen aus den Streckensätzen, welche für die Tonne und das Kilometer berechnet werden. Hierzu tritt die Abfertigungsgebühr, welche von 100 km an jedenfalls gleich bleibt ohne Rücksicht auf die Länge des Transportweges. Zwischen 10 und 100 km wird gegenwärtig die Abfertigungsgebühr allmählich gesteigert, um zu große Härten in der Belastung des Nahverkehrs zu vermeiden. Die Kenntnis der Streckensätze und Abfertigungsgebühren ist jedoch nicht genügend. Es ist für den Verfrachter außerdem erforderlich zu wissen, in welche Gruppe der Güterklassen seine Waren nach dem Verzeichnis einzureihen sind, und endlich ein letztes: er muß die Kilometerzeiger kennen. In den Kilometerzeigern teilt die Bahnverwaltung mit, welche kilometrische Entfernung für die Berechnung der Streckensätze angerechnet wird.[1]) Die im Kilometerzeiger zwischen zwei Stationen angegebene Entfernung kann von der tatsächlichen abweichen. Beispielsweise kann die im Kilometerzeiger angegebene Entfernung niedriger als die wirkliche dadurch sein, daß für einen Umweg nach einer Endstation die Länge der tatsächlichen nicht benutzten kürzeren Konkurrenzlinie angerechnet wird.[2]) Dies Prinzip der sogenannten kürzesten Route ist im deutschen Güterverkehr zum Vorteil des Publikums gegenwärtig offiziell angenommen. Betrachten wir nunmehr den Normaltarif der preußischen Staatsbahnen vom Herbst 1909 unter Vergleichung kleinerer bayerischer Abweichungen.

---

1) Zur größeren Bequemlichkeit gibt es auch Stationstarife, in welchen für eine Gewichtseinheit die Gesamtfracht (Streckensatz plus Abfertigungsgebühr) eingetragen ist, ferner Kilometertabellen, in welchen die Gesamtfracht für alle kilometrischen Entfernungen nachgewiesen ist.

2) Die im Kilometerzeiger angegebene Entfernung ist unter Umständen auch höher als die tatsächliche, indem für Eisenbahnbrücken usw. unter Umständen ein Zuschlag zur Fracht durch Ansetzung einer größeren Kilometerzahl eingehoben wird. Preußen hat diese Zuschläge für die größeren Rhein- und Elbebrücken zwar abgeschafft, andere Verwaltungen halten aber an diesem System der Zuschläge noch fest. Vgl. Burmeister, S. 46. Bayern schlägt 20% zu den wirklichen Entfernungen bei den staatlichen Lokalbahntarifen zu. Vgl. Jahresbericht d. k. b. Staatseisenbahnverwaltung für 1907, Beil. 9, S. 81.

Normaltarif der preußischen Staatsbahnen im Oktober 1909.

a) Streckensätze für die Tonne und das Kilometer:

1. für Stückgut der allgemeinen Stückgutklasse
bei Entfernungen bis 50 km . . . . 11 Pf.

    =   =   von 51 = bis 200 km Anstoß von . 10 =

    =   =   = 201 = = 300 =   =   = . 9 =

    =   =   = 301 = = 400 =   =   = . 8 =

    =   =   = 401 = = 500 =   =   = . 7 =

    =   =   von mehr als 500 =   =   = . 6 =

2. für Stückgut der ermäßigten Klasse (z. B. Kartoffeln,
Düngemittel, Getreide) . . . . 8 =
(bei Entfernungen über 726 km jedoch die Sätze ad 1),

3. bei Wagenladungsklasse B (Aufgabe von 10 000 kg
höherwertiger Güter, d. h. aller Güter, die nicht für
die drei Spezialtarife namentlich aufgeführt sind) . 6,0 =

4. bei Wagenladungsklasse A₁ (Güter der Klasse B,
jedoch nur 5000 kg) . . . . 6,7 =

5. bei Aufgabe von 10 000 kg nach Spezialtarif I . . 4,5 =

6. = = = 10 000 = = = II . . 3,5 =

7. Wagenladungsklasse A₂ (Güter der Spezialtarife I und
II, jedoch nur 5000 kg) . . . . 5,0 =

8. bei Aufgabe von 10 000 kg nach Spezialtarif III[1])
bei Entfernungen bis 100 km . . . . 2,6 =

    =   =   von mehr als 100 km . . . . . . 2,2 =

9. für Eilstückgut[2]) der doppelte Satz der allgemeinen
Stückgutklasse.

10. für Eilgut in Wagenladungen[2]) der doppelte Satz
der allgemeinen Wagenladungsklasse B oder A₁.

---

1) In ganz Deutschland werden übrigens Güter des Spezialtarifs III in Ladungen zu 5 bis unter 10 t nach den Sätzen des Spezialtarifs II gefahren. Die bayerischen Streckensätze sind die gleichen
wie die preußischen, nur daß im Spezialtarif III für 1 bis 100 km
2,7 Pf. statt 2,6 Pf. gefordert werden. Die Abfertigungsgebühren
sind in Bayern für Entfernungen unter 101 km vielfach von den
preußischen verschieden, von 101 km ab die gleichen.

2) Seit 1. April 1899 ist eine ermäßigte Eilgutklasse (Bienen,
Brot, Butter, Fische, Muschel- und Schaltiere, frische Gemüse, Milch,
Beeren und Obst) in den deutschen Normaltarif aufgenommen. Die
betreffenden Güter werden wie Eilgut befördert, jedoch wie Frachtgut
(als Stückgut wie als Wagenladung) berechnet. — Hingegen wird für
Schnellzugsgut in Wagenladungen der vierfache Betrag der gewöhnlichen Fracht erhoben.

b) Abfertigungsgebühren für 100 kg:

1. Für Stückgut, allgemeine und ermäßigte Klasse, sowie A_1, (j. o. 1, 2, 4): bis 10 km 10 Pf., 11—20 km 11 Pf., 21—30 km 12 Pf., 31—40 km 13 Pf., 41—50 km 14 Pf., 51—60 km 15 Pf., 61—70 km 16 Pf., 71—80 km 17 Pf., 81—90 km 18 Pf., 91—100 km 19 Pf., über 100 km 20 Pf.

2. Für Wagenladungsklasse B (j. o. 3): bis 10 km 8 Pf., 11—20 km 9 Pf., 21—30 km 10 Pf., 31—40 km 11 Pf., über 40 km 12 Pf.

3. Für Wagenladungsklasse A_2 und Waren der Spezialtarife I, II, III (j. o. 7, 5, 6, 8): bis 50 km 6 Pf., 51—100 km 9 Pf., über 100 km 12 Pf.

4. Für Eilstückgut, sowie für Eilgut in Wagenladungen die doppelten Sätze der Stückgutgebühren, bzw. der Güter der Wagenladungsklasse A und B.

Also kostet: eine Wagenladung Getreide im Inlandsverkehr (10 t nach Spezialtarif I) auf 200 km: 90 + 12 Mark = 102 Mark; 5000 kg auf 200 km: 50 + 6 Mark = 56 Mark.

Die hier angegebenen Abfertigungsgebühren für 100 kg sind natürlich, wenn es sich um Tonnen handelt, mit 10 zu multiplizieren. Die kilometrischen Streckensätze sind bereits für Tonnen angegeben. Die Streckensätze im normalen Gütertarif steigen im allgemeinen genau mit der kilometrischen Entfernung. Eine Ausnahme bilden die seit 1. Oktober 1898 geltenden Stückgüter- und Eilstückgütertarife der allgemeinen Stückgutklasse, sowie der Spezialtarif III. In diesen beiden Fällen sind die Streckensätze nach den Grundsätzen eines Staffeltarifs gebildet. Ein Staffeltarif ist ein Tarif, dessen Satz pro Tonnenkilometer bei steigender Entfernung nicht gleich bleibt, sondern sich — entsprechend den Selbstkosten der Bahn — ermäßigt. Technisch ist die Staffeltarifierung derart möglich, daß zunächst für nahe Entfernungen ein höherer Streckensatz gefordert wird, für die folgenden Kilometer niedrigere Streckensätze „angestoßen" werden. (Vergleiche den neuen Stückguttarif der allgemeinen Stückgutklasse.) Eine andere Möglichkeit ist, einen Staffeltarif derart festzusetzen, daß die Streckensätze hoch sind, wenn sie für den Nahverkehr angewendet werden, während beim Fernverkehr für alle Kilometer pro Tonne niedrigere Sätze erhoben („durchgerechnet") werden. (Vgl. Spezialtarif III.)

In dem Schema der Normalgütertarife finden wir zunächst je nach der Lieferfrist, die innezuhalten ist, Eilgut und Frachtgut verschieden tarifiert: eine Unterscheidung, die in den meisten, aber nicht in allen Ländern außerhalb Deutschlands üblich ist.[1]) Sowohl Eilgut wie Frachtgut wird außerdem verschieden behandelt, je nachdem mit einem Frachtbriefe eine Menge aufgegeben wird, welche die Ladefähigkeit eines Wagens voll ausnützt oder nicht. Waggonladungen von Eilgut und Frachtgut werden billiger befördert als Stückgüter.[2]) Unter den Stückgütern werden gegenwärtig zwei Klassen unterschieden. Entsprechend dem Grundsatze der Wertklassifikation werden minderwertige Stückgüter, z. B. Kartoffeln, Düngemittel, Kleie usw., in der ermäßigten Klasse wohlfeiler befördert. Frachtgüter in Wagenladungen sind, sofern sie nicht namentlich in dem Verzeichnis als Güter der billigen Spezialtarife angeführt sind, nach den Sätzen der Klasse B, bzw. A_1 zu befördern, je nachdem ganze oder halbe Wagenladungen mit

---

1) In England ist im Stückgutverkehr diese Unterscheidung nicht üblich. Alles Frachtstückgut wird schleunigst befördert, aber etwas teurer wie in Deutschland. Für die Eilgüter der ermäßigten Klasse, wesentlich leicht verderbliche landwirtschaftliche Produkte und Fische, ist jetzt auch in Deutschland tatsächlich die Unterscheidung beseitigt. Mit letzterer Einrichtung ist für die einheimische Landwirtschaft die Versendungsmöglichkeit von Qualitätsware in hervorragendem Maße gesteigert, nachdem auch noch die Staffelung hinzutritt. So berechnet sich beispielsweise die Fracht für eine Sendung Eilstückgut im Gewicht von 100 kg, enthaltend frisches Obst, von Trakehnen in Ostpreußen bis München, Hauptbahnhof, auf 1312 km Entfernung infolge der Anwendung gewöhnlicher Frachtstückgutsätze mit Staffelung auf 9 Mk. 52 Pf., nämlich

Abfertigungsgebühr				20 Pf.	
Anfangs-Streckensatz . . .	bis	50 km	55 ⸗	(11 Pf.	pro tkm)
hierzu Anstoß-Streckensatz	51—	200 ⸗	150 ⸗	(10 ⸗	⸗ ⸗)
⸗ ⸗ ⸗	201—	300 ⸗	90 ⸗	(9 ⸗	⸗ ⸗)
⸗ ⸗ ⸗	301—	400 ⸗	80 ⸗	(8 ⸗	⸗ ⸗)
⸗ ⸗ ⸗	401—	500 ⸗	70 ⸗	(7 ⸗	⸗ ⸗)
⸗ ⸗ ⸗	501—1312 ⸗		487 ⸗	(6 ⸗	⸗ ⸗)

Summa 952 Pf., d. i. abzüglich der Abfertigungsgebühr von 20 Pf. zum durchschnittlichen Streckensatz von 7,256 Pf. pro Tonnenkilometer.

2) Zum Stückgutsatz wird ein Zuschlag von 50 Proz. der tarifmäßigen Fracht noch hinzugefügt, wenn es sich um sogenannte sperrige Güter, d. h. solche handelt, die — wie ungepreßtes Heu — im Verhältnis zu ihrem Gewicht einen ungewöhnlich großen Laderaum in Anspruch nehmen.

einem Frachtbriefe aufgegeben werden. Ganze Wagenladungen werden pro Tonnenkilometer wohlfeiler befördert als halbe Wagenladungen. Bei weitem die meisten nach Normaltarifen aufgegebenen Güter werden jedoch nicht als Stückgüter, sondern als Wagenladungen, und dann nicht nach den Sätzen der allgemeinen Wagenladungsklasse, sondern nach den sogenannten Spezialtarifen befördert. Die Spezialtarife I, II und III sind nicht Ausnahmetarife, sondern ermäßigte Normaltarife für bestimmte, namentlich aufgezählte Güter des Massenverkehrs. Im Spezialtarif I sind höherwertige, im Spezialtarif III die wohlfeilsten Gegenstände des Massenverkehrs aufgeführt. So z. B. wird nach den Sätzen des Spezialtarif I die Beförderung von eisernen Drahtstiften, Sägen, Sensen, Messern, Geldschränken und Öfen bewirkt. Nach den Sätzen des Spezialtarifs II, also wohlfeiler, werden Eisenbahnschienen, Platten und Bleche usw. befördert. Nach den Sätzen des Spezialtarifs III: Roheisen, Rohstahl und Puddelluppen, Knüppel, Rohschienen, altes Eisen usw.

Auch bei der Beförderung nach Spezialtarif I—III wird — entsprechend den Selbstkosten der Bahn, also privatwirtschaftlich vollkommen erklärlicher Weise — der größere Verfrachter vor dem kleineren Verfrachter bevorzugt. Wer Güter der Spezialtarife I—III in halben Wagenladungen verfrachtet, erhält zwar gegenüber der allgemeinen Wagenladungsklasse Ermäßigung, muß aber mehr als der Verfrachter von ganzen Wagenladungen zahlen.

Wie verteilt sich nun bisher der Verkehr der frachtpflichtigen Güter gewöhnlicher Art (also mit Abzug der frachtfrei beförderten Güter, sowie von Militärgut, Postgut, Vieh, Leichen und Eisenbahnbaumaterial) auf die normalen und die Ausnahmetarife?

Auf den bayerischen Staatsbahnen[1]) wurden 1907 rund 23,9 Mill. t im gewöhnlichen Verkehr befördert, davon rund 14 Mill. t zu Ausnahmetarifen. Es ist also die kleinere Hälfte aller Güter, die zu normalen Sätzen befördert wurde. Die größte Bedeutung unter den nach normalen Tarifen beförderten Gütern haben der Masse nach die Güter des Spezialtarifs III, also die der billigsten Fracht teilhaftigen Waren, wovon allein in ganzen Wagenladungen rund 3 890 000 t befördert wurden. Nächstdem entfällt das meiste auf die allgemeine Stückgutklasse sowie auf Spezialtarif I. In den

---

1) Hierbei ist Eilgut mitinbegriffen. Für Bayern vgl. Beilage 13 des Jahresberichts der k. bayer. Staatseisenbahnverwaltung für 1907.

Einnahmen zeigt sich nicht das gleiche Verhältnis, da die geringen Quantitäten teuer verfrachteter wertvollerer Güter sowie der Stückgutverkehr einen verhältnismäßig großen Teil der Gesamteinnahmen liefern.

In Preußen-Hessen wurden auf den Staatsbahnen 1907 im öffentlichen Verkehr — abgesehen vom Tierverkehr — gegen Entgelt 114 652 995 t nach dem Normaltarif, 184 769 003 t nach Ausnahmetarifen befördert. Von insgesamt rund 299,4 Mill. t entfielen also auf Ausnahmetarife ca. 62 Prozent.

IV. Ausnahmetarife seit der Verstaatlichung.

Als Ausnahmetarife bezeichnet man diejenigen Abweichungen von den normalen Frachtsätzen, und zwar durchweg Abweichungen im Sinne der Verbilligung, welche mit Rücksicht auf bestimmte Güterarten oder bestimmte Versendergruppen, oder bestimmte Empfangsgebiete geschaffen werden. Hierzu ist zu bemerken, daß streng genommen ein Ausnahmetarif mit Rücksicht auf bestimmte Gütergruppen, der für alle Stationen in jeder Richtung Geltung hat, kein Ausnahmetarif, sondern ein ermäßigter allgemeiner Normaltarif ist. Somit wäre der allgemeine, in Preußen und anderwärts für bestimmte Massengüter gültige Rohstofftarif nahezu als normaler Spezialtarif IV und nicht als Ausnahmetarif anzusehen, wenn er nicht zeitweilig für Kohleneinfuhr von auswärtigen Produktionsstätten und deutschen Binnenschiffahrtsstationen durch den höheren normalen Spezialtarif III ersetzt würde. Da außerdem in bestimmten Ausfuhrrichtungen die Güter des Rohstofftarifs zu billigeren Sätzen als dem Rohstofftarif befördert werden, so wirkt er faktisch als auf gewisse Verkehrsrichtungen beschränkter Tarif, d. h. als Ausnahmetarif.

Im folgenden fassen wir in erster Linie diejenigen Ausnahmetarife, die für bestimmte Güter, und zwar für bestimmte Versand- und Empfangsgebiete gewährt werden, ins Auge. Ausnahmetarife können nach dem Prinzip der kilometrischen Multiplikation aufgestellt oder auch Staffeltarife sein.[1]) Sie können Stationstarife

---

1) In der Privatbahnzeit gab es z. B. in Oberschlesien auch Ausnahmetarife nach dem Zonenprinzip, d. h. mit gleichmäßiger Frachthöhe für verschiedene Stationen bei verschiedener kilometrischer Entfernung. Gegenwärtig sind solche Güterzonentarife in Deutschland sehr selten.

sein, d. h. im Verkehr von bestimmten Ausgangsstationen oder
nach bestimmten Endstationen Gültigkeit haben (so die Seehäfen-
einfuhr- und die Durchfuhrtarife, sowie die Exporttarife über gewisse
deutsche Seeplätze). Oder sie können als Schnittarife (bis zu einer
gewissen Schnittstation, einem Knotenpunkt des Verkehrs, für darüber hinausgehende Sendungen) berechnet sein, oder endlich in
einer Richtung schlechthin gelten für alle Stationen und alle Ver-
sender, die in dieser Richtung bestimmte Güter befördern. Wenn
auch Ausnahmetarife in unserem Staatsbahnsystem einzelnen Verfrachtern nicht gegeben werden, so kann es doch selbstverständlich
vorkommen, daß eine Tarifermäßigung für eine Station, an der
ein einziger großer Eisenindustrieller oder Holzsägewerksbesitzer
oder eine Kohlenbergwerksgesellschaft sich befindet, einzelne Unternehmungen besonders begünstigt.

Welche Prinzipien sind nun nach Überführung der Bahnen in
Staatsbetrieb, also seit Anfang der achtziger Jahre bis zur Gegenwart in Deutschland zur Anwendung gekommen, soweit es sich
um Gewährung oder Versagung von Ausnahmetarifen handelte?[1]

a) Im allgemeinen sind Ausnahmetarife unter Verletzung des
Finanzinteresses, also mit Zubuße, nicht gewährt worden.[2]

b) Die Konkurrenz ist auch nach der Verstaatlichung für die
Eisenbahntarife keineswegs wirkungslos gewesen. Eine Menge
von Ausnahmetarifen werden erstellt, um den Durchgangsverkehr
bestimmten deutschen Bahnen zu sichern. Ermäßigungen gegen die
normalen Sätze werden daher bald mit Rücksicht auf die Tarif-

---

1) Eben diese Prinzipien sind im allgemeinen zur Anwendung
gekommen, soweit es sich um sog. Detarifierungen, d. h. Versetzungen
von Gütern aus einer teureren in eine ermäßigte Klasse der allgemeinen
Normaltarife handelte. Vgl. die Übersicht der wichtigsten Detarifierungen zwischen 1878 und 1890 bei Burmeister, S. 45 nach Ulrich.
Nach dem Aufsatz: „Die Entwickelung der Gütertarife der preußisch-
hessischen Staatseisenbahnen" (zuerst im Reichsanzeiger, dann im
Archiv f. Eisenbahnwesen 1905, S. 80ff. veröffentlicht) ergaben sich
1878 bis 1904 folgende Frachtermäßigungen, dadurch daß 1878 den
Spezialtarifen I—III 160, 1904 364 Positionen angehörten:

	Spezialtarif I	Spezialtarif II	Spezialtarif III
1878	70	50	40
1904	97	95	172

2) Eine Ausnahme bildet vielleicht hie und da die Beförderung
von Militärgut und Dienstgut, sowie die Begünstigung bei Ausstellungen, Notständen und dergleichen.

ſyſteme konkurrierender Eiſenbahnen (ſo z. B. für die Getreide-
durchfuhr durch Bayern mit Rückſicht auf die öſterreichiſche Konkurrenz), bald mit Rückſicht auf die Konkurrenz der Schiffahrt auf
Flüſſen und auf dem Meere gewährt.

c) Im übrigen iſt allerdings ein weſentlicher Unterſchied der
Staatsbahntarifpolitik von derjenigen der Privatbahnen in der
Durchführung gewiſſer Gedanken der nationalen Schutzpolitik zu
erblicken, man möchte ſagen, eine Art Merkantilſyſtem in der Verkehrspolitik. Man gewährt in Form ermäßigter Ausnahmetarife
— allerdings ohne unter die Selbſtkoſten herabzugehen — Ermuti-
gungen für die Ausfuhr von Getreide, Eiſen uſw. Man ermutigt
durch beſondere Tarifbegünſtigungen die Inanſpruchnahme deutſcher
Seehäfen für Ausfuhr, Durchfuhr und Einfuhr, letzteres ſoweit
es ſich um Güter handelt, die — wie Kolonialwaren — der deutſchen
Landwirtſchaft keine Konkurrenz bereiten. Auch die Baumwoll-
zufuhr, vor allem über deutſche Seehäfen, wird begünſtigt. Herrſcht
hinſichtlich der Baumwolle und der Kolonialwaren eine Ver-
ſorgungspolitik, ſo wurde in anderen Fällen eine Abwehrpolitik
dadurch verſucht, daß für die Einfuhr agrariſcher Produkte des
Auslandes, ſoweit dieſe mit deutſchen Erzeugniſſen konkurrieren,
frühere Ausnahmetarife beſeitigt und nur die normalen hohen Tarife
angewendet wurden. Außer der Tarifpolitik können hier auch
andere techniſche Hilfsmittel der Bahnpolitik im gleichen Sinne
der Abwehr verwendet werden.

d) Der Gedanke, daß die Eiſenbahnen auch dazu da ſeien, durch
hohe Tarife Verkehr ferne zu halten, Schutz zu gewähren, iſt von
manchen als „gemeinwirtſchaftlich" bezeichnet worden. Genauer
iſt zu ſagen, daß es ein Schutzzollgedanke iſt, deſſen Übertragung
auf die Eiſenbahnpolitik vom Standpunkte des gemeinen Wohles
nicht ſchlechthin zu bewundern, ſondern von Fall zu Fall wie die
Berechtigung jedes Zolles zu prüfen iſt. In manchen Fällen, in
denen der Zollſchutz befürwortet werden kann, laſſen ſich ſogar
Zweifel erheben, ob daneben eine Abwehrpolitik durch hohe Frachten,
die auch den inländiſchen Wettbewerb verringert, wirklich vorteilhaft für die Nation ſei. Eigentümlich iſt jedenfalls, daß mit der
Ausbreitung des Gedankens, im Verkehrsweſen beſtehenden Inter-
eſſen Schutz zu gewähren, auch Beſtrebungen hervortraten, innerhalb Deutſchlands die Konkurrenz deutſcher Produzenten gegenüber anderen Deutſchen zu erſchweren. Im Widerſtand der
ſüd- und weſtdeutſchen Intereſſenten gegen die 1891/94 beſtehenden

Staffeltarife für Getreide und Mehl, im bisher erfolglosen Verlangen der süddeutschen Gebiete z. B. zum Schutz ihrer Müllerei die Mehltarife erhöht zu sehen und in anderen Symptomen zeigen sich Bestrebungen, nicht einer nationalen, sondern einer örtlichen Schutzpolitik, Bestrebungen insbesondere dessen, was man Mittelstandspolitik nennt, denen hier das Eisenbahnwesen dienstbar gemacht werden soll.

e) Der Gedanke, den Fürst Bismarck vertreten hatte, das Anwachsen der großen Städte durch Eisenbahntarifpolitik zu bekämpfen, erwies sich als undurchführbar. Insbesondere stellte es sich heraus, daß die Bevorzugung gewisser Stapelplätze durch die Eisenbahnen im eigenen finanziellen Interesse der letzteren vielfach sich nicht vermeiden ließ.

Den Wünschen der Sonderinteressenten, daß die Staatsbahnen durch hohe Tarife ihnen die Konkurrenz gewisser Güter fernhalten möchten, steht die Rücksicht auf die Erhöhung der Rente der Bahn unter Umständen entgegen. So sehr man klagt über Fiskalismus der Eisenbahn, so wenig kann ganz geleugnet werden, daß gerade das Finanzinteresse bisweilen eine Gegenwehr gegen verkehrsfeindliche Störungen bildet. Die Eisenbahnen sind darauf angewiesen, Massentransporte zu suchen, wenn sie Geld verdienen wollen; das Streben der Betriebsleitung, Einnahmen zu erzielen, ist aber auch nach der Verstaatlichung ein sehr ausschlaggebendes Motiv vielfach geblieben. Damit entsteht bisweilen ein Konflikt zwischen der Verwaltung, die Tarifermäßigungen vorschlägt, um den Verkehr zu heben und mehr Frachteinnahmen zu erlangen, und den Interessenten, denen Verschiebungen der Absatzverhältnisse durch Verkehrserleichterungen unbequem sind. So sehen wir, daß der frühere preußische Eisenbahnminister Thielen mit beweglichen Worten darüber im Parlamente klagte, daß die Interessenten selbst manche vom Finanzinteresse empfehlenswerte Tarifermäßigung zu hintertreiben suchten, nur um keine Konkurrenz in ihren Bezugs- oder Absatzverhältnissen zuzulassen.

Fassen wir zusammen, so ist unbestritten ein Fortschritt, der sich im Gütertarifwesen dank der Verstaatlichung entwickelt hat: die größere Stetigkeit und Gleichmäßigkeit, in gewissem Maße auch die größere Übersichtlichkeit der Verfrachtungsbedingungen. Ein zweiter Fortschritt, der sich aber in Amerika beim Privatbahnwesen ebenso und noch stärker durchsetzte als beim deutschen Staatsbahnsystem, ist die Verbilligung der Gütertarife. Was dagegen die in Deutschland und anderen Staatsbahnländern seit 1879 verwirklichte Politik anbetrifft, die Einfuhr teuer, die Ausfuhr wohlfeil — innerhalb der durch das internationale Eisenbahnfrachtrecht gezogenen Grenzen — zu bedienen, so steht bis jetzt jedenfalls eine Wirkung dieses verkehrspolitischen Neo-Merkantilismus fest: diese Politik der Staatsbahnen hat das Streben monopolistischer Organisationen, wie der Rohstoff- und Halbfabrikatkartelle, teuer an deutsche Verbraucher und wohlfeil ans Ausland zu verkaufen, mächtig gefördert.

Es ist ebensowenig der Tarifpolitik der Staatsbahnen wie derjenigen der Bahnen in Privatbahnländern gelungen, die monopolistischen Organisationen im Schach zu halten. Nicht die Existenz, wohl aber die Preispolitik von Kartellen und Trusts würde sehr wesentlich berührt, wenn das Prinzip verwirklicht würde, daß jeder Ausnahmetarif, der in einer bestimmten Richtung gilt, auch in der umgekehrten Richtung zu gewähren wäre. Solange die deutsche Schutzpolitik im Tarifwesen verankert ist, würde eine radikale Zollreform ohne gleichzeitige Eisenbahntarifreform nicht die vollen Wirkungen des Freihandels ausüben.

Vierter Vortrag.

Personentarifwesen.

Literatur zu Vortrag 4.

Vgl. die zu Vortrag 1 unter A, sowie die zu Vortrag 3 aufgeführte Literatur, ferner:

Perrot, F., Die Reform des Eisenbahntarifwesens im Sinne des Penny-Portos. Bremen 1869.

Engel, Ed., Eisenbahnreform. Jena 1888. In späteren Auflagen unter dem Titel: „Der Zonentarif".

Ulrich, F., Personaltarifreform und Zonentarif. Berlin 1892.

De Terra, Otto, Im Zeichen des Verkehrs. Berlin 1899. S. 66ff.

Schober, Beschreibung und Resultate des ungarischen Zonentarifs. Vortrag, abgedruckt in Glasers Annalen für Gewerbe- und Bauwesen. Berlin 1891. 28. Bd. S. 120ff.

W. Hoff und F. Schwabach, Nordamerikanische Eisenbahnen. Berlin 1906.

Barthold, Karl, Die Eisenbahn-Tariffrage. Karlsruhe 1909.

I. Anfängliche Grundlagen des Personentarifwesens.

Die Frage der Reform der Personentarife wird in öffentlichen Debatten weit mehr als die der Gütertarife besprochen. Es ist dies nicht auffällig. Obwohl gegenwärtig der Güterverkehr für die Einnahme der deutschen Eisenbahnen das weit Wichtigere und die Politik der Güterfrachten für die Volkswirtschaft das Allerwichtigste ist, so berührt doch das Personentarifwesen die meisten Menschen viel häufiger unmittelbar.

Während im Gütertarifwesen zahlreiche Fortschritte und Verbesserungen besonders seit 1890 begegnen, zeigte das deutsche Personentarifwesen bis 1. Mai 1907 eine etwas altväterische Gestaltung. Obwohl seit der Verstaatlichung die durchschnittliche Einnahme pro Personenkilometer herabgegangen war, ist bis dahin diese durchschnittliche Verbilligung nicht einer Ermäßigung der Normalfrachtsätze des Personenverkehrs verdankt. In den normalen Personentarifen herrschte vielmehr Stillstand. Die Frage der Reform ist allerdings hier schwieriger, als oft angenommen wird.

Ihrem Ursprunge nach gehen die Personentarife der Eisenbahnen, wie anderwärts, auch in Deutschland, auf die Postkutschentarife zurück. Wie beim Postverkehr, so wandte man auch beim Eisenbahnverkehr anfangs überall sogenannte Entfernungstarife an.

Dem Streckensatz der Gütertarife entsprechend wird für die Leistung, eine Person eine Meile, später 1 km weit zu befördern, ein Einheitssatz erhoben. Die Personenfracht wird durch Multiplikation des Einheitssatzes mit der Zahl der Meilen bzw. Kilometer festgestellt.

Eine Abfertigungsgebühr wird nicht erhoben. Der Passagier quartiert sich selbst im Eisenbahnwagen ein und aus. Durch das Fehlen einer Abfertigungsgebühr wird aber der Grundsatz, die Fracht mechanisch mit der Entfernung steigen zu lassen, beim Personenverkehr schroffer wirksam als selbst bei denjenigen normalen Gütertarifen, die nicht formelle Staffeltarife sind. Bei der Postkutsche entsprach der Entfernungstarif ziemlich genau den Selbstkosten. Bei Eisenbahnen gilt dies ebensowenig im Personen- wie im Güterverkehr.

Außer dem Entfernungsprinzip bilden sich seit Aufkommen der Eisenbahnen noch zwei Eigentümlichkeiten im Personentarifwesen heraus: a) Die Abstufung der Preise nach der Schleunigkeit der

Züge (Schnellzugszuschläge); da man entdeckte, daß die Selbstkosten bei gutbesetzten Schnellzügen pro pkm nicht höher zu sein
brauchen als bei gewöhnlichen Personenzügen, ist man aber später
vielfach, z. B. in England, wieder von Schnellzugszuschlägen ab-
gegangen; b) in Europa wenigstens eine Abstufung der Preise
nach den Klassen. Nicht völlig genau ist es, diese Abstufung der
Preise mit der Wertklassifikation beim Güterverkehr zu vergleichen.
Beim Wertklassentarif zahlen die am billigsten beförderten Güter
der Bahn die Selbstkosten, die zu teureren Sätzen beförderten Güter
bringen einen besonderen Gewinn. Im Personenverkehr hingegen
ist meist die Einträglichkeit der I. und II. Klasse äußerst gering. Die
Abstufung der Klassen ist nicht etwa in den Preisen deshalb durchgeführt, weil die bequemere Ausstattung der I. Klasse doppelt so
teuer wäre als die einfachere der III. und der IV. Klasse. Es liegt
vielmehr hier ein Versuch der Anpassung an die verschiedene Zahlungsfähigkeit verschiedener Gesellschaftsklassen vor. Beim Werttarif
im Güterverkehr ist nach der vermuteten Zahlungsfähigkeit ein für
allemal für jede Güterklasse der Frachtsatz bestimmt. Im Personenverkehr ist es Entschluß des Passagiers, wie er sich einschätzt. Durch
Veränderung im Tarifwesen können zahlreiche Passagiere beeinflußt werden, statt der III. die II. Klasse zu wählen und umgekehrt.
Es ist nicht unwichtig, diese Unterschiede der Klassentarife im Personenverkehr von der Wertklassifikation des Gütertarifwesens sich
stets gegenwärtig zu halten.

II. Besondere Weiterentwickelung in Privatbahnländern.

In Privatbahnländern, vor allem in den Vereinigten Staaten,
hat sich, wie im Güterverkehr, so auch im Personentarifwesen bald
eine Abweichung vom Grundgedanken des Entfernungsprinzips
herausgebildet. Wohlfeile Differentialtarife wurden nach Knotenpunkten des Verkehrs erstellt, insbesondere soweit Konkurrenz
herrschte. Soweit aber Tarifverabredungen ein Unterbieten in den
Fahrpreisen ausschließen, machte sich in Amerika ein Wettbewerb
hinsichtlich der Ausstattung der Personenwagen, der Bequemlichkeit
und Schnelligkeit der Beförderung geltend.

In England und den Vereinigten Staaten gibt es nicht, wie in
Norddeutschland, vier verschiedene Klassen, in Amerika nicht einmal
drei Klassen. In England, wo man drei Klassen unterschied, hat
man vielfach die II. Klasse als unrentabel beseitigt. Man behielt

dann die I. Klasse bei und verbesserte ohne Erhöhung der Preise die Einrichtung der III. Klasse. Die III. Klasse wurde mehrfach mit einer einfachen Polsterung ausgestattet, man hat auch Speisewagen III. Klasse geschaffen.

In den Vereinigten Staaten herrschte anfangs überhaupt nicht ein Klassensystem. Im Nahverkehr fährt noch heute der Millionär und der Arbeiter im gleichen normalen Wagen. Für den Fernverkehr haben sich die Schlafwagen, für die ein einmaliger Zuschlag pro 12 oder 24 Stunden der Benutzung gezahlt wird, als Wagen I. Klasse entwickelt. Im übrigen ist es statt der Klassenunterscheidungen in Amerika üblich, verschieden hohe Preise für die einzelnen Züge, die auf einer Linie verkehren, je nach deren Schnelligkeit und bequemen Ausstattung zu erheben.

III. Weiterentwickelung bei den deutschen Staatsbahnen zur Gewährung besonderer Vergünstigungen im Personenverkehr bis 1. Mai 1907.

Zunächst ergab die Erfahrung, daß in den normalen Grundsätzen des Personentarifwesens in Deutschland folgende Mängel enthalten waren:

a) Das Prinzip, einem Reisenden auf 500 km fünfmal so viel Fracht als auf 100 km abzunehmen (sogenanntes reines Entfernungsprinzip) entspricht nicht den Selbstkosten der Bahn. Ferner schreckt dies Prinzip vom Fernverkehr ab und verringert dadurch auch die Erträgnisse des Eisenbahn-Personenverkehrs.

b) Je mehr Klassen im Eisenbahnverkehr unterschieden werden, um so größer ist die Wahrscheinlichkeit, daß die vorhandenen Wagenplätze in einzelnen Klassen mangelhaft ausgenützt sind. Die Ausnutzung vor allem der I. Klasse auf Nebenlinien durch Passagiere, die wirklich bezahlen und nicht auf Freikarten fahren, ist so mangelhaft, daß die Bahn hier, solange sie die Klassenvielheit beibehält, äußerst wenig Nutzlast und sehr viel tote Last befördert.

Die Haupteinnahmen lieferten trotz der niedrigen Einheitssätze die Massen der Bahnbenutzer in der III. Klasse in Süddeutschland, in der III. und IV. Klasse in Norddeutschland. Folgende Zahlen mögen dies veranschaulichen:

Auf den preußiſchen Staatsbahnen waren 1896 die vorhandenen Wagenplätze ausgenutzt[1]):

in der I. Klaſſe zu 10,4 Proz.   in der III. Klaſſe zu 24,2 Proz.
 =   = II.   =   = 20,6 =   =   = IV,   =   = 36,4 =

im Durchſchnitt aller Klaſſen zu 26,5 Proz.

Nach der Reichsſtatiſtik entfielen beförderte Perſonen auf die verſchiedenen Klaſſen:

	in Bayern 1903 insgeſamt	in Preußen-Heſſen 1903/04 insgeſamt
I. Klaſſe	0,38 Proz.	0,35 Proz.
II. =	4,34 =	9,83 =
III. =	93,41 =	43,17 =
IV. =	— =	45,30 =
Militärverkehr	1,87 =	1,35 =
	100,00 Proz.	100,00 Proz.

Unter Einſchluß des Rückfahrverkehrs reiſten alſo in Preußen-Heſſen 88,47 Proz. der Perſonen in der III. und IV. Klaſſe, in Bayern ſogar 93,41 Proz. in der III. Klaſſe. Obwohl die Einheitspreiſe pro Perſonenkilometer in den oberen Klaſſen bedeutend höher als in der III. bzw. IV. Klaſſe ſind und die durchſchnittliche Zahl der Kilometer, die auf ein Billett durchfahren werden, in den höheren beiden Klaſſen größer iſt[2]), brachten dennoch die I. und II. Klaſſe zuſammen noch nicht ein Drittel der Einnahmen des Perſonenverkehrs ſowohl in Bayern wie in Preußen. Nicht die beſitzende Minderheit, ſondern die breiten Maſſen brachten hier den Bahnen die hauptſächlichen Einnahmen.

---

1) Vgl. Die Verwaltung der öff. Arbeiten in Preußen 1890 bis 1900. Berlin 1901. S. 251. Seit 1896 ſind in Preußen Ermittelungen über die Platzausnutzung in den verſchiedenen Klaſſen nicht mitgeteilt.

2) 1903 betrug die durchſchnittliche Beförderungsſtrecke für einen Paſſagier

	in Bayern	in Preußen-Heſſen
in der I. Klaſſe	166,36 km	100,84 km
= = II. =	91,79 =	30,89 =
= = III. =	25,64 =	20,49 =
= = IV. =	— =	24,26 =
im Durchſchnitt	29,86 km	24,41 km

Zu den Einnahmen des Personenverkehrs lieferten 1903:

	in Bayern	in Preußen-Hessen
Fahrkarten I. Klasse	5,51 Proz.	4,09 Proz.
„ II. „	21,40 „	21,54 „
„ III. „	71,68 „	38,39 „
„ IV. „	—	34,02 „
Militärverkehr	1,41 „	1,96 „
	100,00 Proz.	100,00 Proz.

Um für alle deutschen Bahnen zu berechnen, ob die I. Klasse Verlust oder Gewinn brachte, reicht das veröffentlichte Material leider nicht aus. So viel ist aber sicher zu entnehmen, daß bei weniger Klassen die Raumausnutzung günstiger und der Personenverkehr einträglicher sein könnte.[1]

I. **Deutsche frühere Normalsätze**[2] **für Personen und Reisegepäck** (1899)

pro Kilometer in Pfennigen.

	In Schnellzügen			In Personenzügen				Reisegepäck für je 10 kg
	I.	II.	III.	I.	II.	III.	IV.	
	Klasse			Klasse				
In Preußen (einschließlich 25 kg Freigepäck für I. bis III. Klasse) . .	9,0	6,67	4,67	8,0	6,0	4,0	2,0	0,5
In Bayern (kein Freigepäck)	9,1	6,4	4,5	8,0	5,3	3,4	—	0,35

1) Eine Anerkennung der Richtigkeit dieses Gedankens findet sich darin, daß man auf gewissen Lokalstrecken die I. Klasse beseitigt, ferner daß z. B. im bayerischen Vorortverkehr nur III. Klasse geführt wird. — Die württembergische Regierung berechnete für 1899 (vgl. Beil. 132 u. 111 zu den Verh. d. württ. K. d. Abg. 1901/02), daß die Selbstkosten betrugen per pkm

für die I. Klasse b. Personenzüg. 42,6 Pf., b. Schnellzüg. 25,2 Pf.,
„ „ II. „ „ „ 11,10 „ „ „ 5,96 „
„ „ III. „ „ „ 2,90 „ „ „ 2,95 „

danach brachte dort die I. Klasse schon bei den normalen Preisen ein Defizit, bei Personenzügen auch die II. Klasse.
2) Die Platzgebühren für Durchgangszüge sowie die Zuschläge für Luxuszüge oder die Schlafwagengebühren traten gegebenenfalls zu den hier aufgeführten Sätzen hinzu.

c) Eine Einheitlichkeit war nicht einmal in den normalen Perſonen-
tarifen bis 1. Mai 1907 in Deutſchland erreicht. Die Sätze in Preußen
einerſeits, in Bayern und den übrigen ſüddeutſchen Staaten ander-
ſeits waren beträchtlich verſchieden, wie aus der auf Seite 72
gegebenen tabellariſchen Überſicht zu erſehen iſt.

Zunächſt unterſchied ſich Norddeutſchland vom Süden durch die
Hinzufügung der IV. Klaſſe, zweitens dadurch, daß in Preußen
25 kg Freigepäck gewährt, dafür aber in der II. und III. Klaſſe
höhere[1]) Sätze als in Süddeutſchland erhoben wurden. Soweit
Gepäckfracht erhoben wurde, war der Einheitsſatz in Preußen viel
teurer als in Bayern. In allen Fällen gab es keinen Rabatt in den
Gepäckfrachten des Fernverkehrs. Die früheren Gepäckfrachten
verteuerten das Reiſen auf größere Entfernungen enorm; ohne den
Selbſtkoſten der Bahnen ſich anzupaſſen, ſchreckten ſie geradezu
vom Gepäckaufgeben ab.

Die Frage, ob Freigepäck zu gewähren ſei oder nicht, iſt nicht
für alle Benutzer gleichzeitig befriedigend zu beantworten. Bei
Gewährung von Freigepäck und dementſprechend höheren Preiſen
zahlt der nur mit wenigem ausgerüſtete Reiſende verhältnismäßig
zu viel. Bei Verſagung von Freigepäck iſt die Unſitte, die Wagen-
räume mit übermäßigem Handgepäck zu belegen, kaum auszu-
rotten. Die gleiche Unſitte begegnete jedoch auch in ſolchen Ländern,
die nur 25 kg Freigepäck gewährten, für Überfracht aber abſchreckend
hohe Sätze erhoben. Die Gewährung von Freigepäck bewährt ſich
am beſten, wo ſie in kaufmänniſch großartigerem Stile, wie in England und Amerika, ſo durchgeführt wird, daß man das beſondere
Nachwiegen von nicht allzu unbeſcheidenen Gepäcksauflieferungen
ſich überhaupt ſpart. Der Gedanke in Amerika und England iſt, daß
es vor allem wertvoll für die Bahn ſei, die Mühe, die Koſten und den
Zeitverluſt einer beſonderen Nachprüfung des Gewichts jedes einzelnen Gepäckſtückes zu ſparen, wenn anders ein maſſenhafter
Verkehr prompt und billig bewältigt werden ſoll. Dafür kann
man dann dem Publikum gegenüber auf Verringerung des Hand-
gepäcks beſtehen.

Das Ergebnis iſt: nicht nur durch die verſchiedene Regelung
der Freigepäcksfrage beſtand eine Verſchiedenheit der Perſonen-
tarife der I.—III. Klaſſe in Nord und Süd. Auch das Verhältnis

---

1) Die I. Klaſſe war trotz der verſchiedenartigen Gepäckbehandlung
in Preußen in Perſonenzügen nicht teurer, in Schnellzügen ſogar
billiger als in Bayern.

der Preise der Klassen zueinander war verschieden geregelt, ebenso in den einzelnen Klassen das Verhältnis von Schnellzugs- und Personenzugspreis.[1]) Die Mannigfaltigkeit wurde noch größer dadurch, daß die noch bestehenden deutschen Privatbahnlinien wiederum von den preußischen und bayerischen Staatsbahnlinien in den Personentarifsätzen abwichen.

Wäre man nur nach den normalen früheren Tarifen in Deutschland gereist, so würden die Preise für größere Entfernungen die Zahlungsfähigkeit der meisten Bahnbenutzer so sehr überstiegen haben, daß die Bahn beträchtliche Ausfälle erlitten hätte. Aber auch im regelmäßigen Nahverkehr wäre das Reisen verkümmert worden. Tatsächlich gab es in Deutschland, um den Härten zu begegnen, die aus den hohen Normaltarifsätzen und der Anwendung des einfachen Entfernungsprinzips auf den Fernverkehr entstanden, eine Menge von Sonderbegünstigungen. Es wurde keineswegs überall in Deutschland auch nur die Hälfte aller Reisenden zu den bisher betrachteten Normalsätzen befördert. In Bayern trafen 1903 nur 14,27 Proz. aller Fahrten auf solche Fälle, in welchen ohne besondere Rabatte zum Normalpreis des einfachen Billetts gefahren wurde.[2])

---

1) Bayern erhob mechanisch in allen Klassen 1,1 Pf. pro Personenkilometer Schnellzugszuschlag, während Preußen in der II. und III. Klasse 0,67 Pf., in der I. Klasse 1 Pf., in allen Fällen also weniger als Bayern an Zuschlägen forderte.

2) Nach dem Bericht über die Ergebnisse der k. bayr. Staatseisenbahnen für 1903, Anl. 14, S. 4 entfielen damals von allen Fahrten

auf gewöhnliche Fahrkarten zur Hinfahrt	14,27	Proz.
″ ″ Rückfahrkarten	50,96	″
″ Arbeiterkarten	8,86	″
″ Sonder-Rückfahrkarten, Fahrscheinbücher, Monatskarten, Schülerkarten	8,11	″
″ zusammenstellbare und sonstige Rundreisebilletts	2,22	″
″ Vorortfahrkarten	13,71	″
″ Militärfahrkarten	1,87	″
″ Sonderzüge	0,00	″

Summa 100,00 Proz.

Die Hin- und Rückfahrten auf Retourbilletts wurden hierbei als zwei Fahrten gerechnet. — In Preußen-Hessen war das Ergebnis scheinbar anders, indem von allen beförderten Personen nur 53,10 Proz. auf Rückfahr-, Zeit- und Rundreisekarten befördert wurden. Da aber für die IV. Klasse nur im Arbeiterverkehr Rückfahrkarten ausgestellt wurden, war diese Klasse des Massenverkehrs an den einfachen Karten im Verhältnis mäßig stark beteiligt. In den Klassen, für welche die Ermäßigungen voll ausgebildet waren, machte der Verkehr zum Normalpreis auch in Preußen-Hessen nur einen verschwindenden Bruchteil aus.

Im folgenden sollen diejenigen wichtigeren Ermäßigungen
von allgemeinerer Bedeutung betrachtet werden, welche bis 1. Mai
1907 in Deutschland von Staatsbahnverwaltungen als Ausnahmetarife gewährt worden waren.

a) Der wichtigste Rabatt war derjenige auf Rückfahrkarten.
Wer innerhalb einer bestimmten Frist[1]) nach der Station zurück-
fuhr, von der er seine Reise antrat, bekam für Hin- und Rückfahrt
zusammen eine Fahrkarte, die im allgemeinen etwa[2]) 25 Proz. billiger
war als der Preis zweier gewöhnlicher einfacher Personenzugs-
fahrkarten für Hin- und Rückfahrt. Während aber diese Rückfahrkarten in Preußen ohne weiteres auch für Schnellzüge benutzt
werden konnten, war in Bayern der Rückfahrverkehr mit Schnellzugsbenutzung viel teurer.

Für die Rückfahrkartenbegünstigung trafen die Gründe, die anfänglich dafür geltend gemacht wurden, für die spätere Zeit großenteils nicht mehr zu. Der Gedanke, den Reisenden von der Benutzung
von Konkurrenzlinien für die Rückreise abzubringen, trat seit der
Vereinigung großer Netze in einheitlicher Staatsbahnverwaltung
zurück, weil man bereits ein Monopol für eine Menge von Linien
hatte. Die Absicht, Rückfracht beim Rücktransport der Reisenden zu
gewinnen, kann heute auch nicht zugunsten der Ermäßigung im gewöhnlichen Rückfahrverkehr geltend gemacht werden.

Der einzige ausschlaggebende Grund, der noch für Begünstigung
des Rückfahrverkehrs geltend gemacht werden konnte, war, daß
innerhalb der vorgeschriebenen Frist sehr viele Reisende zum Ausgangspunkte der Reise zurückzukehren pflegen und daß die Bezahlung
der vollen Normaltarife für Hin- und Rückfahrt vielfach so teuer
war, daß zahlreiche Reisende überhaupt von der Bahnbenutzung
abgeschreckt worden wären. Mit anderen Worten der Hauptvorzug
der Rückfahrkarte war die Verbilligung, die dem Publikum inten-
sivere Benutzung der Bahn ermöglichte. Vielleicht noch eine kleine
Vereinfachung und Personalersparnis beim Ausflugsverkehr, indem am Ausgangspunkt der Rückfahrt bei Massenverkehr ein Verkauf von Fahrkarten eingespart wurde. Wurden alle Fahrkarten
verbilligt, so war kein Grund, gerade den Rückfahrverkehr zu begünstigen.

---

1) Die Frist betrug seit 1901 im allgemeinen 45 Tage.
2) In Preußen genau 25 Proz., in anderen Staaten etwas abweichend
und auch klassenweise verschieden. Der Rabatt von 25 Proz. bedeutete,
daß die Rückfahrkarte das 1½ fache der einfachen Fahrt kostete.

b) Einen sehr sinnreichen Versuch, angesichts der Vielheit der
Eisenbahnverwaltungen einen Weg zur Begünstigung des Fernverkehrs zu finden, stellen die Rundreisekarten, vor allem die zusammenstellbaren Fahrscheinhefte, dar. Einen Rabatt, der namentlich
bei Schnellzugsbenutzung[1]) recht beträchtlich war, erhielt derjenige,
welcher vom Ausgangspunkte bis zu diesem zurück mindestens
auf 600 km seine Reise ausdehnt, im voraus seinen Reiseplan festsetzen kann und endlich nicht über eine bestimmte Frist[2]) seine Reise
verlängert. Einheitlich wird hier der Grundsatz durchgeführt, kein
Freigepäck zu gewähren. Auch die Deutschland benachbarten
Länder haben sich der Einrichtung der zusammenstellbaren
Fahrscheine größtenteils angeschlossen.[3]) Der gesunde Gedanke
ist, den Fernverkehr zu begünstigen, auch wenn die Fernreise
das Gebiet mehrerer Verwaltungen berührt. Die Mängel sind:
erstens die Bevorzugung derjenigen, welche einen festen
Reiseplan und eine bestimmte Frist einhalten können, zweitens
die große Mühseligkeit und Kostspieligkeit des Abrechnungs-
verfahrens zwischen den verschiedenen beteiligten Eisenbahnverwaltungen.

c) Dienen die Ermäßigungen bei Rundreisefahrkarten der
verschiedenen Arten usw. der Ermutigung des Fernverkehrs,
so gibt es hinwiederum andere Rabatte, die dem Gedanken
entsprechen, daß auch im Nahverkehr eine regelmäßige massenhafte Benutzung bestimmter Züge oder wenigstens bestimmter
Verkehrsrichtungen der Bahn erwünscht und einträglich sein
kann. Hierher gehören die Ermäßigungen im Vorortverkehr
großer Städte, die Ermäßigung für Arbeiter- und Schülerfahr-
karten usw.[4])

---

1) In Österreich und Ungarn sind dagegen die Rundreisebilletts
III. Klasse meist nicht ohne Zuschlag für Schnellzüge benutzbar.
2) Die Gültigkeitsdauer beträgt bei Reisen von 600 bis 3000 km
60 Tage, über 3000 km 90 Tage, über 5000 km 120 Tage.
3) Bis 1909: Österreich-Ungarn, die Balkanstaaten und der Orient,
Schweiz, Belgien, Luxemburg, Niederlande, die skandinavischen
Staaten, Finnland, Frankreich, Italien, Spanien und gewisse Schiff-
fahrtslinien.
4) Auch die Rabatte für Reisen größerer Gesellschaften von 30
und mehr Personen, die Sonntagskarten und Ähnliches gehören zu
den Verbilligungen, die in Anbetracht gesicherter günstiger Wagenraumausnutzung im Finanzinteresse gewährt werden können.

Alle diese Ermäßigungen lassen sich aus dem Finanzinteresse der Bahn, die nach möglichst viel Nutzlast und insbesondere nach möglichst vollständiger Wagenraumausnutzung streben muß, sehr wohl rechtfertigen. Es liegen hier also nicht Wohltätigkeitszuwendungen aus allgemeinen Mitteln an einzelne Klassen vor. Dies hindert nicht, daß verschiedene der eben erwähnten Ermäßigungen nicht nur für die Bahnen, sondern auch für das Publikum sehr segensreich wirken können, so z. B. der Vorortsverkehr zur Bekämpfung einiger Wirkungen des Bodenmonopols in Großstädten.[1]

d) Nach dem Muster der amerikanischen 1000 Meilen-Billetts schuf Baden die auch ohne Zuschlag für Schnellzüge benutzbaren Kilometer-Billetts, deren Inhaber nebst Angehörigen für den Personenkilometer I. Klasse 6 Pf., II. Klasse 4 Pf. und III. Klasse 2,5 Pf. zahlten, ein Fall des Rabatts auf ausgiebige Benutzung des badischen Eisenbahnnetzes.

Württemberg gab bis 1. Mai 1907, ähnlich wie viele Eisenbahnverwaltungen des Auslands, z. B. Belgien, Schweiz usw., wohlfeile Zeitkarten aus, die eine Person binnen einer Frist zum Befahren aller Strecken des Netzes berechtigten.

e) Den Gedanken einer besonderen Unterstützung haben Ermäßigungen, im Eisenbahnpersonenverkehr nur ganz ausnahmsweise, so z. B. die für die Reisen mittelloser Personen zum Bäderbesuch, die für Krankenpflegerinnen gewährten Vergünstigungen usw. In der billigen Ermöglichung von Transporten chirurgischer Patienten haben die deutschen Bahnen noch eine wichtige Aufgabe vor sich. Ob die Ermäßigungen für Militärbilletts und die zum Besuch von Ausstellungen unter Umständen gewährten Fahrpreisermäßigungen den Bahnen Opfer auferlegen oder ob auch hier die Bahn auf die Kosten kommt, ist für Außenstehende schwer zu entscheiden.

---

1) Alle deutschen Nahverkehrstarife bleiben weit hinter den belgischen Arbeiterfahrkarten zurück. Dort ist 1. fallende Staffel, 2. Benutzbarkeit der Arbeiterwochenkarten für schnellere Züge garantiert. Bei Zentralisation der Industrie ist eine Dezentralisation des Wohnens ermöglicht. Vgl. W. Lotz im Patria-Jahrbuch (herausgegeben von Fr. Naumann) für 1903, S. 68; E. Vandervelde, L'exode rural et le retour aux champs 1903, Paris; Cl. Heiß, Wohnungsreform und Lokalverkehr. Göttingen 1903.

IV. Die Reformversuche mit Zonentarifen und Staffeltarifen.

Zwei Reformströmungen begegnen angesichts der geschilderten Gestaltung der Staatsbahntarife. Der eine Gedanke ist der des Zonentarifs. Ein Zonentarif liegt vor, wenn für die Preisfestsetzung statt der einzelnen Kilometer größere Entfernungseinheiten z. B. 10 oder 25 km, zugrundegelegt werden. Der gleiche Preis wird also hier möglicherweise von derselben Abfahrtsstation für mehrere hintereinander gelegene Stationen erhoben. Tritt auch für größere Bahnsysteme der Gedanke, ein Einheitsporto ohne Rücksicht auf die Entfernung wie im Briefpostverkehr zu erheben, heute völlig in den Hintergrund, so verdient doch das Zonenprinzip reifliche Erwägung. Ohne Härte ist die Neuerung natürlich nur durchzuführen, wenn für alle oder die meisten Stationen dadurch eine Verbilligung und nicht nur eine Vereinfachung der Beförderungspreise erzielt wird.

Ein anderer Reformgedanke ist der der Staffeltarifierung. Wie beim Güterverkehr in den Staffeltarifen jenseits bestimmter Entfernungen niedrigere Streckensätze angestoßen werden, so wäre beim Personenstaffeltarif zwar auf 500 km an sich mehr als auf 100 km Entfernung, jedoch nicht das Fünffache, sondern ein geringeres Vielfaches zu entrichten. Es ist möglich, die Staffeltarifierung mit dem Gedanken des kilometrischen Entfernungsprinzips zu verbinden. Dann werden bei steigender Entfernung sinkende Sätze für die folgenden Personenkilometer erhoben. Es ist aber auch möglich, das Prinzip der Staffeltarifierung mit dem Zonensystem zu vereinigen. Wesentlich ist stets der Gedanke einer Ermutigung des Fernverkehrs durch eine den Selbstkosten entsprechende Begünstigung desselben.

Es sollen im folgenden einige Anwendungsfälle dieser Reformgedanken, die sämtlich außerhalb Deutschlands begegnen, betrachtet werden.

A. Der ungarische Zonentarif.

Ungeheures Aufsehen machte es, als der in der Literatur von Privatleuten seit mehr als zwanzig Jahren erörterte, von den Bahnverwaltungen aber bis dahin sehr ablehnend behandelte Gedanke des Zonentarifs am 1. August 1889 in Ungarn auf den dortigen Staatsbahnen verwirklicht wurde. In seiner gegenwärtigen Form (1909) lautet der ungarische Tarif folgendermaßen:

Fahrpreise in Kronen.

Zone	Kilometer	In Schnellzügen			In Personenzügen usw.		
		I.	II.	III.	I.	II.	III.
			Klasse			Klasse	
Nachbarverkehr { 1	1—10	Bei Benutzung der Schnellzüge sind die Fahrpreise der I. Zone des Fernverkehrs zu zahlen.			0,60	0,30	0,20
2	11—15				0,80	0,44	0,30
3	16—20				1,—	0,60	0,40
Fernverkehr I.	21—27	1,80	1,20	0,70	1,50	1,00	0,60
II.	28—40	3,—	2,—	1,20	2,40	1,60	1,—
III.	41—55	4,50	3,—	1,80	3,60	2,40	1,50
IV.	56—70	6,—	4,—	2,40	4,80	3,20	2,—
V.	71—85	7,50	5,—	3,—	6,—	4,—	2,50
VI.	86—100	9,—	6,—	3,60	7,20	4,80	3,—
VII.	101—115	10,50	7,—	4,20	8,40	5,60	3,50
VIII.	116—130	12,—	8,—	4,80	9,60	6,40	4,—
IX.	131—145	13,50	9,—	5,40	10,80	7,20	4,50
X.	146—160	15,—	10,—	6,—	12,—	8,—	5,—
XI.	161—175	16,50	11,—	6,60	13,20	8,80	5,50
XII.	176—200	18,—	12,—	7,20	14,40	9,60	6,—
XIII.	201—225	21,—	14,—	8,60	16,20	10,80	7,—
XIV.	226—300	24,—	16,—	10,—	18,—	12,—	8,—
XV.	301—400	27,—	18,—	11,—	21,—	14,—	9,—
XVI.	401 und darüber	30,—	20,—	12,—	24,—	16,—	10,—

Fernfahrkarten sind nur 24 Stunden gültig. Budapest ist Endpunkt für direkte Billetts. 1 Krone = 0,85 Reichsmark.

Mit Einführung des Zonentarifs sind in Ungarn die Sondervergünstigungen, vor allem auf Rückfahrkarten, abgeschafft worden. Bei der Einführung der Maßregel wurden folgende drei Gesichtspunkte verfolgt:

Der Nahverkehr zwischen Nachbarstationen sollte gesteigert werden, und zwar zugleich durch Vereinfachung und Verbilligung.

Der Verkehr auf größere Entfernungen, der bisher verkümmert war, sollte gesteigert werden.

Für die Reisen des Fernverkehrs (jetzt ab 21 km) sollte größere Einfachheit als bei der bisherigen kilometrischen Bemessung der Fahrpreise erzielt werden. Es sollten aber hierdurch jedenfalls die Finanzen nicht gefährdet werden.

Eine Begünſtigung des Fernverkehrs durch Rabatte im Sinne einer Staffelung iſt bei der heutigen Geſtaltung des Tarifes für die entfernteren Zonen ſowohl in den Preiſen für die Anfangsentfernung, wie auch durch Vergrößerung der Zonen bei ſteigender Entfernung bewirkt. Man zahlt für 303 km nicht dreimal ſo viel als für 101 km, kann aber mit dieſem Billett ſogar bis 400 km ohne Preiserhöhung durchfahren. Anfangs wurden alle Entfernungen über 225 km vernachläſſigt.[1]) Jetzt tritt die Freilaſſung des Fernverkehrs auf ein direktes Billett erſt bei Fahrten über 400 km ein.

Trotz der Hebung des Fernverkehrs ſpielte auch nach der Reform der Nahverkehr, deſſen Hebung ja auch vornehmlich erſtrebt wurde, die Hauptrolle.[2]) Die Anwendung der zonenmäßigen ſtatt der kilometriſchen Berechnung für den Fernverkehr von 21 km ab war eine Vereinfachung, die ohne Härten wirkte, da ſie mit weſentlicher Verbilligung des Verkehrs für das Publikum verbunden war. Den Vorteil, daß man viel weniger Arten von Fahrkarten wie beim deutſchen Syſtem braucht, darf man nicht überſchätzen, da auf die Herſtellung der Fahrkarten nur ein ſehr geringer Teil der Selbſtkoſten des Eiſenbahnperſonenverkehrs entfällt.

Die Hauptwirkung war in Ungarn, daß die große Verbilligung der geſamten, früher für das Publikum recht koſtſpieligen Perſonentarifſätze eine rieſige Zunahme des Perſonenverkehrs und eine große Zunahme der Einnahmen brachte, welchen zwar Mehrausgaben, aber zunächſt nicht in gleicher Höhe, gegenüber traten.[3])

---

1) Die Zahl der Fernreiſen über 225 km ſtieg nach Einführung des Zonentarifs erheblich. Die Zahl der Fernreiſen (vgl. Ulrich, Perſonentarifreform, S. 69)

	über 225 km betrug	die Einnahmen
1888/89	160 000	1 280 000 fl.
1889/90	500 000	2 558 000 ‑

2) Nach Rank, S. 168 entfielen in Ungarn nach der Reform bei Perſonenzügen

72 Proz. der beförderten Perſonen auf Reiſen von 1—25 km
　3　‑　‑　‑　‑　‑　‑　‑　über 225　‑
Auch in Deutſchland entfielen nach Ulrich, a. a. O., S. 39 im Jahre 1885/86: 45,8 Proz. aller Reiſen auf Fahrten bis 10 km.

3) Schon in den beiden erſten Jahren nach der Reform wurden 5,6 Millionen fl. Mehreinnahmen erzielt, denen höchſtens 1½ Millionen Mehrausgaben gegenüberſtanden. Vgl. Ulrich, Perſonentarifreform und Zonentarif. Berlin 1892. S. 73.

Die Ausnutzung der Wagenplätze stieg von durchschnittlich 24 auf 34 Proz. Die Reisenden gingen vielfach von der III. zur II. Klasse über. Wesentlich bei der mit besonderer Rücksicht auf ungarische Verhältnisse geschaffenen Reform war die sehr genaue Anpassung an die tatsächlichen Verhältnisse und das vorausgegangene Studium, in welchen Richtungen eine Neigung zu gesteigertem Verkehr durch den früher herrschenden Tarif hintangehalten wurde, also die Rücksicht auf schlummernde Verkehrsbedürfnisse.

Zahlreiche Veränderungen sind im ungarischen Personentarif seit 1889 vorgenommen worden.

Der Gepäcktarif wurde 1889 ebenfalls reformiert und erlebte seitdem weitere Umarbeitung. An dem Gedanken, kein Freigepäck zu gewähren, das Gepäck aber wohlfeil und ohne allzu kleinliche Einzelabrechnung zu befördern, wurde festgehalten. Da jedoch die Bahn ihren eigenen Eilstückguttarif anfangs durch die Personengepäcktaxe auf große Entfernungen unterboten sah, und da die Reisenden mißbräuchlich die Gepäckwagen allzusehr in Anspruch nahmen, so wurde eine sorgfältigere Abstufung der Personengepäcktarife nach der Entfernung eingeführt.

1889 betrug der Tarif für Personengepäck:

			1—50 kg	51—100 kg	über 100 kg
L.—III. Zone	1—	55 km	0,25 fl.	0,50 fl.	1 fl.
IV.—VI. -	56—100	-	0,50 -	1 -	2 -
über VI. -	über 100	-	1 -	2 -	4 -

1909 dagegen lauten die Sätze für je 10 kg (jedoch aufgerundet für je 50 kg erhoben):

Zone	km	Kronen	Zone	km	Kronen
I.	1— 50	0,10	V.	301—450	0,80
II.	51—100	0,20	VI.	451—600	1,—
III.	101—200	0,40	VII.	601—∞	1,20
IV.	201—300	0,60	(1 Krone = 85 Pf. = ½ fl.)		

B. Rückwirkungen der ungarischen Reform auf ungarische Privatbahnen und österreichische Eisenbahnen.

Die Verbilligung des Personen- und Gepäcktarifs auf den ungarischen Staatsbahnen zwang auch die ungarischen Privatbahnen zur Anpassung an die Grundgedanken des ungarischen Zonensystems. Die österreichischen Staatsbahnen übernahmen seit 1890

auch den Gedanken des Zonentarifs, jedoch nicht unter so weit-
gehenden Veränderungen des Bestehenden und auch ohne so groß-
artigen Erfolg wie in Ungarn.

In seiner gegenwärtigen Gestalt verwirklicht der österreichische
Staatsbahnentarif sowohl das Zonenprinzip wie auch den Gedanken
einer Gewährung eines bescheidenen Rabattes an den Fernverkehr.

Obwohl die Reform auf den österreichischen Staatsbahnen und
den diesen wieder nachfolgenden Privatbahnen einen zaghafteren
Zug wie in Ungarn zeigt, so wirkte doch die in Österreich geschaffene
Verbilligung des Personenportos und der Gepäcktaxen wieder als
Konkurrenz gegenüber Süddeutschland.

C. Der russische Zonentarif.

In allergroßartigster Weise wurden die zwei modernen Gedanken
der Gewährung von Rabatt an den Fernverkehr (Staffeltarifierung)
und der Vereinfachung der Tarifsätze für den Fernverkehr (Zonentarifierung) auf den russischen Staatseisenbahnen durch die Reform
vom 1./13. Dezember 1894 verwirklicht.   In keinem Lande reist
man auf große Entfernungen heute so wohlfeil wie in Rußland.

Die Grundgedanken der 1909 geltenden Tarifsätze der russischen
Staatseisenbahnen sind folgende:

Der Fahrpreis wird bis 160 Werst nach Werst ohne Rabatt für
größere Entfernungen berechnet, für 1 Werst (= 1,067 km) einschließlich der Steuer 0,015 Rubel.   Eine Fahrt von 160 Werst
kostet in der III. Klasse 2,40 Rubel.

Der Preis steigt von 161 bis 300 Werst für je 10 Werst um
0,10 Rubel. Von 301 Werst ab beginnt der eigentliche Fern-
zonentarif. Der Preis steigt

von 301 bis	400	Werst	in Zonen von je	25	Werst um	0,25	Rbl.
= 401 =	500	=	=	=	=	=	25	=	=	0,20	=
= 501 =	710	=	=	=	=	=	30	=	=	0,20	=
= 711 =	990	=	=	=	=	=	35	=	=	0,20	=
= 991 =	1510	=	=	=	=	=	40	=	=	0,20	=
= 1511 =	2860	=	=	=	=	=	45	=	=	0,20	=
= 2861 =	3010	=	=	=	=	=	50	=	=	0,20	=

Demnach beträgt der Preis für 3010 Werst 17,80 Rubel.

Der Fahrpreis für die II. Klasse beträgt das 1½fache, für die I. Klasse das 2½fache des Fahrpreises der III. Klasse.

Bei Schnell- und Kurierzügen ein Zuschlag zu obigen Preisen. An Freigepäck gewährt Rußland im inneren Verkehr 16,4 kg. (1 Rubel = 2,16 Mark.)

Man darf mit diesen Preisen nur diejenigen der Personenzüge in Deutschland vergleichen, da die russischen Schnellzüge, für welche übrigens besondere Zuschläge erhoben werden, an Schnelligkeit meist mit den deutschen nicht vergleichbar sind. Auch die Personenzugsgeschwindigkeiten sind in Rußland meist gering, und lange Aufenthalte sind häufiger als in Deutschland.

Bemerkenswert ist der Gedanke, erstens im Nahverkehr noch nicht die Zonentarifierung einzuführen, sondern jeweils nach der Zahl der Werst die Preise auszurechnen, zweitens bereits von 161 Werst an eine Staffeltarifierung zur Begünstigung des Fernverkehrs zu gewähren. Die Zonen werden von 301 Werst ab zuerst klein, später immer größer bemessen; dabei ist der Gedanke maßgebend, daß eine Vernachlässigung des Unterschieds, ob jemand 991 oder 1030 Werst weit reist, bei solchen Fernfahrten weder beim Publikum noch in der Deckung der Selbstkosten der Bahnen störend empfunden wird. Ganz anders hingegen würde die Vernachlässigung solcher Unterschiede auf 100 oder 20 Werst gewirkt haben. Man hätte dann allgemein entweder sehr große Ermäßigungen gewähren und Einnahmeausfälle im bisher einträglichsten Verkehre vielleicht in Kauf nehmen müssen, oder es würden, falls nicht Ermäßigungen gewährt wurden, Härten des Zonenprinzips durch Verteuerung des Verkehrs für einzelne Stationen wirksam geworden sein. Die Regelung des Nahverkehrs in Rußland muß hier unerörtert bleiben.

Die Verbilligung des Fernverkehrs auf durchgehende Fahrkarten bringt aber — dies darf nicht verschwiegen werden — außer der Verbilligung und Bequemlichkeit auch Schwierigkeiten mit sich.

Wer auf große Strecken ein direktes Billett nimmt, erhält es weit billiger, als die Summe des Preises für Fahrten auf Teilstrecken der Gesamtentfernung ist. Bei solcher Abweichung vom gewöhnlichen Entfernungstarif würde die Gefahr eines ausgedehnten Zwischenhandels in Billetten drohen, wenn nicht die Fristen für die Gültigkeit der billigen direkten Fahrkarten auf wenige Tage be-

messen wären.[1]) Damit wird wieder derjenige bevorzugt, dem seine
Geschäfte und seine Gesundheit gestatten, ohne nennenswerten
Aufenthalt sehr ausgedehnte Strecken zu durchreisen. Für alle
Reisende gleichmäßig vermag auch das System der Staffeltarife
mit Begünstigung des Fernverkehrs, wenn man den Zwischenhandel
nicht aufkommen lassen will, nicht vorzusorgen.

Ein sehr begreiflicher, aber auch wesentlicher Unterschied zwischen
Güter- und Personenverkehr wird hier wirksam. Die Passagiere
werden nicht mit der Möglichkeit, den Beförderungsweg jeder
beförderten Einheit wie bei den auf einen Frachtbrief aufgegebenen Gütern fortwährend zu kontrollieren, beim Staffeltarif
abgefertigt.

Die Gesichtspunkte, welche beim Personenverkehr trotzdem
für das Staffeltarifprinzip sprechen, werden wohl schließlich nichts-
destoweniger zugunsten desselben in den meisten Ländern die Entscheidung beeinflussen. Nur darf man sich nicht verhehlen, daß auch
Unannehmlichkeiten in Gefolge der Reform mit in den Kauf genommen werden müssen.

Sowohl in Rußland wie in Ungarn ist auch nach Durchführung
der Reformen der Personenverkehr pro Kilometer Betriebslänge
schwächer entwickelt und weniger einträglich als in Deutschland.
Nach dem Statistischen Jahrbuch für das Deutsche Reich für 1909
wurden 1906 folgende Ergebnisse erzielt:

	Deutsche Bahnen	Ungarische Staatsbahnen
Pkm pro 1 km	504 300	263 200
Einnahme in Pf. pro Pkm	2,56	2,43
Gesamtbruttoeinnahme in Mk. pro 1 km	45 968	29 446
Hiervon Proz. aus Personen- und Ge-		
päckverkehr	29,14	24,23

---

1) Selbst unter diesen Umständen soll heimlicher Zwischenhandel
vereinzelt in Rußland vorkommen. In den Vereinigten Staaten hat
sich bei dem Preisunterschied direkter Fahrkarten und der Fahrkarten
für einzelne Teilstrecken offen ein Zwischenhandel (ticket scalping
system) entwickelt. Deutsche Beurteiler aus amtlichen Kreisen sprechen
von Unmoralität dieser Praxis, während in Amerika diese Auffassung
nicht herrscht und man die Zwischenhändler als geschäftlich vertrauens-
wert ansieht.

V. Der gegenwärtige Stand der Reformfrage in Deutschland.

In weiten Kreisen des deutschen Volkes bestand der dringende Wunsch, daß eine Reform im Sinne einer Verbilligung des Personenverkehrs erfolge. Besonders stellte man sich als wünschenswert eine Verbilligung der Preise für Fernfahrten, zweitens eine Beseitigung der Schnellzugszuschläge und drittens eine fortdauernde Verbilligung und Ausdehnung des Vorortsverkehrs der größeren Städte vor. Letzteres ist allerdings im Zusammenwirken mit verbessertem und verbilligtem Tramwayverkehr und gemeinnütziger Wohnungsbautätigkeit eine unentbehrliche Maßregel, um einigermaßen der Steigerung der Grundstückspreise und der Wohnungsmieten in den Großstädten entgegenzutreten. Mit jeder Verbesserung des Vorortverkehrs kann eine Konkurrenz gegenüber dem im Innern der Städte herrschenden Bodenmonopol geschaffen werden, sofern nicht die Spekulation bereits zuvor die Bodenpreise in den Vororten emporgetrieben hat. Jedenfalls ist es Pflicht der Eisenbahnen, wenn die Zentralisation der Produktion aus wirtschaftlichen Gründen nicht aufgehalten werden darf und kann, die Dezentralisation des Wohnens der arbeitenden Bevölkerung in ganz anderem Maße als bisher zu erleichtern. Deutschland ist hierin von Belgien überflügelt. Standen die deutschen Bahnen in der Verbesserung der Bequemlichkeit und Schleunigkeit der Beförderung achtunggebietend da, so waren sie in der Bereitwilligkeit zu Fortschritten im Personentarifwesen im Nahverkehr und Fernverkehr von anderen Ländern vielfach überflügelt worden.

Doch nicht nur das Publikum, auch die Bahnverwaltungen erkannten an, daß das deutsche Personentarifwesen einer Reform bedurfte. Vor allem erregten vom Verwaltungsstandpunkt die vielen Vergünstigungen, die vielen Abweichungen von den normalen Frachtsätzen Bedenken. Auch von diesem Standpunkt aus erschien eine Reform nur Hand in Hand mit allgemeiner Verbilligung möglich.

Am 1. Mai 1907 trat eine Neuordnung der Personentarife auf Grund von Vereinbarungen der deutschen Staatseisenbahnen in Kraft. Grundgedanken waren die Abschaffung der Sonderbegünstigungen mit Ausnahme der zusammenstellbaren Rundreisehefte, Einheitlichkeit in Deutschland, Verbilligung der Normaltarife ohne Rabatt für Fernreisen, Abschaffung des Freigepäcks unter zeitgemäßer großzügiger Reform und Verbilligung der Reisegepäckfracht auf Grund des Zonenprinzips, hier mit Verbilligung des Fernverkehrs verbunden. Verwickelt wurde die Sache dadurch, daß am 1. August 1906 die Fahrkartenbesteuerung in Kraft getreten war, die zu einem Teil der Verbilligung wieder entgegenwirkte. Der Grundgedanke der Verbilligung lautete, bei Abschaffung der Rückfahrkarten die einfache Fahrkarte ungefähr auf den Preis der Rückfahrkarte herabzusetzen.

1. Abgesehen von der Fahrkartensteuer ist für Personenzüge und zuschlagsfreie beschleunigte Züge, sogenannte Eilzüge, zu entrichten:

I. Klasse pro Pkm 7,0 Pf.   III. Klasse pro Pkm 3,0 Pf.
II. " " " 4,5 "   IV. " " " " 2,0 "

Für die II.—IV. Klasse etwas teurer in Mecklenburg.

Die IV. Klasse wurde in Württemberg neu eingeführt, später hier aber der Satz etwas erhöht, in Bayern und Baden wird dagegen nunmehr die Klasse IIIb in langsamen Personenzügen zum Preise von 2,0 Pf. bedient.

2. Hiezu tritt bei gewissen Schnellzügen ein zonenmäßig berechneter Schnellzugszuschlag. Dieser beträgt

	I. u. II. Kl.	III. Kl.
für 1— 75 km. . .	0,50 Mk.	0,25 Mk.
" 76—150 " . . .	1,00 "	0,50 "
über 150 " . . .	2,00 "	1,00 "

Die bisherige Gebühr für Durchgangszüge fällt fort.

3. Verteuert werden diese Sätze durch die Reichsfahrkartensteuer, die im Preise der verkauften Fahrkarten vom Publikum mitbezahlt wird und bei einem Fahrpreise von 0,60 bis 2,00 Mk. mit 5, 10, 20 Pf. für die III., II., I. Klasse beginnend bis zu 2,00, 4,00, 8,00 Mk. für die III., II., I. Klasse beim Fahrpreise über 50 Mk. ansteigt. Die vierte und in bayerischen und badischen Personenzügen die zum entsprechenden Preis bediente Klasse IIIb ist von der Fahrkartensteuer befreit.

Von Ermäßigungen wurden beibehalten:
        die für Militärs und Arbeiter, die Monatskarten, Schülerkarten,
        Schülermonatskarten, in gewissen Fällen auch die preußischen
        Sonntagskarten.

Der Einheitspreis für zusammenstellbare Rundreisekarten von 7,3 (I. Kl.), 4,8 (II. Kl.), 3,2 Pf. (III. Kl.) bietet nur mehr durch Ersparnis an Schnellzugszuschlag und Fahrkartensteuer in gewissen Fällen dem Publikum Vorteile.

4. Freigepäck fällt überall weg. Für 1—25 kg werden erhoben:

bis zu 50 km . . . . 0,20 Mk.

" " 300 " . . . . 0,50 "

" " 800 " und darüber . . 1,00 "

Dagegen entrichten 26—35 kg Reisegepäck, die auf eine Fahrkarte aufgegeben werden:

in der Nahzone		1— 25 km	0,20 Mk.
in den Fernzonen	I	26— 50 "	0,25 "
" "	" II	51—100 "	0,50 "
" "	" III	101—150 "	0,75 "
. . . . .	. . .	. . .	. . .
" "	" X	451—500 "	2,50 "
" "	" XI	501—600 "	3,— "
" "	" XII	601—700 "	3,50 "
" "	" XIII	701—800 "	4,— "
" "	" XIV	über 800 "	5,— "

Die Gepäckfrachten steigen für die einzelnen Zonen nach Gewichtsstufen von 36—50 kg, 51—75 kg, 76—100 kg, 101—125 kg, 126—150 kg, 151—175 kg, 176—200 kg. Bei größeren Entfernungen ist das Gepäck einer Gewichtsstufe etwas wohlfeiler zu befördern, wenn Reisegepäck mehrerer zusammengehörender und nach einem Bestimmungsort reisender Personen auf einen Gepäckschein unter Vorzeigen mehrerer Fahrkarten aufgegeben wird.

In den neuen Tarifen sind bei der Gepäckfracht Annäherungen an die Prinzipien des Zonentarifs und Staffeltarifs zu bemerken, ebenso beim Schnellzugszuschlag, nicht jedoch bei dem normalen Personentarif.

Die finanzielle Wirkung der Reform ist noch nicht genau zu überblicken. Einerseits die Fahrkartensteuer, anderseits die Kürze des Zeitraums der Wirksamkeit der Neuerung erschwert die Beurteilung.

Irrig ist die Meinung, daß der Gewinn aus der Reform des Personenverkehrs sich notwendig gerade in Überschüssen dieses Betriebszweigs bezahlt machen müsse. Es kann rationell sein, Opfer beim Personenverkehr zu bringen, sofern durch die Erleichterung des Personenverkehrs mehr Güterverkehr und mehr Frachteinnahme hieraus entsteht.

Es kann sich ferner erleichterter Personenverkehr in größeren Steuererträgnissen bezahlt machen, sofern durch Dezentralisation des Wohnens die Bevölkerung gesünder und leistungsfähiger und damit auch konsumfähiger gemacht wird.

Fünfter Vortrag.

Die Bedeutung der Binnenwasserstraßen in der Gegenwart.

Literatur zu Vortrag 5.

Vgl. die zu Vortrag 1 unter A aufgeführte Literatur, ferner:

Schwabe, Die Entwickelung der deutschen Binnenschiffahrt bis zum Ende des 19. Jahrhunderts. Berlin 1899.

Weber v. Ebenhoch, Bau, Betrieb und Verwaltung der natürlichen und künstlichen Wasserstraßen. Wien 1895.

Stubnitz, Arthur von, Unsere Binnenschiffahrt. Berlin 1882.

Eras, Wolfgang, Die Organisation des Binnenschiffahrts-Betriebes. Berlin 1887.

Sympher, Die wirtschaftliche Bedeutung der Kanalfrage. Berlin 1900.

Schanz, G., Der Donau-Main-Kanal und seine Schicksale. Bamberg 1894.

Schanz, G., Die Mainschiffahrt im 19. Jahrhundert und ihre künftige Entwickelung. Bamberg 1894.

Grangez, Ernest, Précis historique et statistique des voies navigables de la France etc. Paris 1855.

Cohn, Gustav, Zur Geschichte und Politik des Verkehrswesens. Stuttgart 1900.

Lotz, W., Die Aufgaben der Binnenwasserstraßen im Zeitalter der Eisenbahnen. (Beilage zur Allg. Zeitg. vom 17. u. 18. Juli 1895.)

Johnson, Emory P., Inland waterways. Their relation to transportation. Philadelphia 1893. American Academy of political and social science.

Eger, Die Binnenschiffahrt in Europa und Nordamerika. Berlin 1899.

Sympher, Die wirtschaftliche Bedeutung des Rhein-Elbe-Kanals. Berlin 1899.

Sympher, Die Zunahme der Binnenschiffahrt in Deutschland 1875—1895. Berlin 1899. (S.-A. aus „Zeitschr. f. Binnenschiffahrt".)

Prüsmann, Denkschrift über den Entwurf eines Rhein-Elbe-Kanals. Berlin 1899.

Ulrich, F., Staffeltarif und Wasserstraßen. Berlin 1894.

v. Weber, Die Wasserstraßen Nordeuropas. Leipzig 1881.

Bubendey, Die modernen technischen Fortschritte auf dem Gebiete der Kanal- und Flußschiffahrt (Vortrag, abgedruckt im Bayerischen Industrie- und Gewerbeblatt 1899, S. 245 ff.).

American waterways. Januarheft 1908 der Zeitschrift: The Annals of the American Academy of political and social science. Philadelphia.

Report on Transportation by water in the United States. 2 Bde. Washington 1909.

Cords, Th. M., Die Bedeutung der Binnenschiffahrt für die deutsche Seeschiffahrt. (81. Stück d. Münch. Volksw. Studien.) Berlin und Stuttgart 1906.

Über die Frage der Abgabenerhebung auf Wasserstraßen vergleiche:

Ulrich, F., Staatseisenbahnen, Staatswasserstraßen und die deutsche Wirtschaftspolitik. Leipzig 1898.

Zoepfl, G., Die Finanzpolitik der Wasserstraßen (Heft 36 der Schriften des Deutsch-Österr.-Ungar. Verbandes für Binnenschiffahrt). Berlin 1898.

Kritik der neuesten Argumente für Abgaben auf den natürlichen Wasserstraßen von Lotz, Hatschek, Stein. (Heft 40 der Schriften des Deutsch-Österr.-Ungar. Verbandes für Binnenschiffahrt.) Berlin 1898.

Schumacher, H., Zur Frage der Binnenschiffahrtsabgaben. Berlin 1901.

Bd. 89 und 102 der Schriften des Vereins für Sozialpolitik. (In Bd. 102 eingehende Literaturangaben.)

Peters, Die finanzielle Entwickelung der preußischen Binnenwasserstraßen. (Archiv f. Eisenbahnwesen 1902.)

Gothein, G., Die wirtschaftliche Bedeutung der Verkehrsabgaben. Berlin 1904.

Ulrich, F., Preußische Verkehrspolitik u. Staatsfinanzen. Berlin 1909.

Der am 13. März 1909 im „Deutschen Reichsanzeiger" veröffentlichte Entwurf eines Reichsgesetzes, betreffend die Erhebung von Schiffahrtsabgaben auf den natürlichen Wasserstraßen, ist samt Begründung abgedruckt in der Zeitschrift für Binnenschiffahrt 1909, S. 154 ff.

Abdruck der Denkschriften für, bzw. gegen Schiffahrtsabgaben von Preußen, bzw. Baden und Sachsen in der Zeitschrift für Binnenschiffahrt 1909, S. 574 ff. und S. 577 ff.

I. Einleitung.

Über die Bedeutung der Binnenwasserstraßen in der Gegenwart ist ein klares Urteil nur möglich, wenn man die verschiedenen Arten von schiffbaren Wasserwegen, welche die Binnenländer durchziehen, scharf voneinander scheidet.

Im folgenden sollen die für den Dienst der Seeschiffahrt eingerichteten Binnen-Wasserwege nicht betrachtet werden: also nicht die Kanäle zur Verbindung zweier Meere, wie der Suezkanal und der Nord-Ostseekanal, nicht die für Ozeandampfer schiffbar gemachten

Unterläufe der großen Ströme, wie die Elbe von Hamburg, die Weser von Bremen abwärts, ebensowenig die Stichkanäle, welche einen bisherigen Binnenplatz für Ozeanschiffe zugänglich machen sollen, wie z. B. der Manchester-Schiffkanal. Darüber, daß solche künstliche oder durch Kunst verbesserte Seeschiffahrtswege, wenn sie technisch[1]) befriedigen, auch im Zeitalter der Eisenbahnen eine große wirtschaftliche Rolle spielen, ist gegenwärtig kaum ein Streit.

Gegenstand der Untersuchung im folgenden sind diejenigen Binnenwasserstraßen, welche für Flußschiffe, nicht jedoch in erster Linie für Ozeandampfer schiffbar sind.[2]) Auch die nur flößbaren, aber nicht genügend schiffbaren Binnengewässer, wie z. B. die Isar, sollen außer Betracht bleiben.

Diejenigen Binnenwasserstraßen, welche ausschließlich oder vorwiegend mit Flußschiffen befahren werden, pflegt man in zwei Gruppen zu scheiden: in die natürlichen und die künstlichen Wasserwege. Zu den natürlichen rechnet man Binnenseen, wie den Bodensee und die großen nordamerikanischen Seen, sowie Flüsse, auch wenn durch „Regulierungen", d. h. durch Abkürzung von Stromkrümmungen, Ausbau einer Fahrrinne von gleichmäßiger Tiefe, Einengung der Ufer und andere seitliche Bauten großer Aufwand im Interesse der Schiffahrt oder der anliegenden Grundstücke gemacht worden ist. Den natürlichen stehen die künstlichen Wasserstraßen gegenüber, einerseits Wasserscheidenkanäle, die über eine Wasserscheide hinweg zur Verbindung natürlicher Wasserwege geschaffen sind (wie der Ludwigs-Donau-Main-Kanal und der nordamerikanische, den Hudson und das Seensystem verbindende Eriekanal) und Seitenkanäle, welche gegraben wurden, um gleichlaufend mit einem der Schiffahrt nicht genügenden Flusse einen brauchbaren Wasserweg zu gewinnen (wie z. B. zahlreiche französische Kanäle und Teile des deutschen Dortmund-Ems-Kanals.)

---

1) Mißerfolge bei dem Korinthischen Seekanal sind allerdings nicht erspart geblieben. Das anfänglich ungünstige Urteil über den Manchester-Schiffkanal ist in letzter Zeit günstiger geworden.

2) Neuerdings geht freilich die eine Art der Binnenwasserstraßen allmählich in die andere über. Der Rhein von Köln abwärts ist in erster Linie für Flußschiffe benutzbar und deshalb hier miteinbezogen. Kleinere Seeschiffe verkehren jedoch von Köln bis England, Hamburg, Bremen und den Ostseehäfen. Vgl. S c h w a b e , S. 12. — Der 1885 begonnene Rhein-Seeverkehr belief sich im Jahre 1903 auf 252 436 t. (Vgl. näheres in Bd. 102 b. Schriften d. V. f. Sozialpolitik, S. 293—295.)

Bestritten ist, ob die kanalisierten Flüsse, d. h. die quer durch Stauwerke durchschnittenen Flüsse, zu den künstlichen oder den natürlichen Wasserstraßen zu rechnen sind. Hieher gehört der Main zwischen Offenbach und Mainz.

II. Beurteilung der Binnenschiffahrt beim Aufkommen der Eisenbahnen.

Indem man die Mißerfolge mit solchen Kanälen, welche zum Wettbewerb mit Landstraßen eingerichtet waren, verallgemeinerte, kam man zunächst zwischen 1840 und 1870 zu einem sehr ungünstigen allgemeinen Urteil über die Leistungsfähigkeit der Binnenwasserstraßen in dem Zeitalter der Eisenbahnen.

Versetzen wir uns zurück in die Zeit des Aufkommens der Eisenbahnen. Mit einem leidlichen Netze von Schiffahrtskanälen waren Oberitalien, Frankreich, die Niederlande, Schweden bereits ausgestattet. England und die Vereinigten Staaten hatten in kurzem nachzuholen versucht, was die anderen Staaten früher schon zu schaffen begonnen hatten.

Es machte nun vor allem Eindruck auf die öffentliche Meinung, daß in England und Nordamerika bei dem Aufkommen der Eisenbahnen die Kanäle alten Stils sich im Wettbewerb mit den Eisenbahnen als minder leistungsfähig herausstellten.

Es fragt sich: welche Momente haben damals den Ausgang dieses Kampfes bestimmt? War es ein Kampf, der die Frage prinzipiell zur Entscheidung brachte, oder waren dabei besondere Umstände mit im Spiel, die nur unter den in England und Amerika gegebenen Voraussetzungen die Entscheidung zu ungunsten der Wasserstraßen herbeiführen mußten? In der Tat sind es zwei besondere Umstände, die vor allem in Betracht kommen. In England zunächst, wo der Kampf am lebhaftesten ausgefochten worden ist, waren die Kanäle, die um 1830 existierten, nicht etwa Wasserstraßen für den schleunigen Fernverkehr. Sie waren für den Wettbewerb mit den Chausseen geschaffen und diesen gegenüber sehr wohl konkurrenzfähig. Auch die Eisenbahnen wurden allerdings zunächst nicht für lange Strecken erbaut. Gleich den Kanälen wurden sie anfänglich von kleinen Gesellschaften in England betrieben, von Gesellschaften, die jedoch nach gleichartigen Grundsätzen bauten, dieselbe Spurweite schufen und in Verbindung traten, später sich verschmolzen. Nunmehr wurde ein Kampf ausgefochten zwischen Wasserstraßen, die nur für den Lokalfrachtverkehr geeignet waren, und zwischen den Eisenbahnen, die fähig waren, sowohl den Nahverkehr als auch den Fernverkehr in Güter- und Personenbeförderung zu bewältigen. Es wurde also nicht der Kampf zwischen Eisenbahnen und Binnenwasserstraßen überhaupt, sondern derjenige zwischen den Kanälen des Lokalverkehrs und den Eisenbahnen ausgefochten. Die Binnenwasserstraßen Englands waren in ganz verschiedenen Abmessungen erbaut. Soll aber für den Durchgangsverkehr eine Binnenwasserstraße benutzt werden, so hindert diesen Verkehr eine kleine Strecke, die, in der Mitte liegend, nicht die gehörige Tiefe hat und mangelhafte Schleusenweiten aufweist. Die englischen Kanäle vor 1830 waren zudem nicht für die Anwendung des Dampfes als bewegende Kraft berechnet und dadurch gegenüber den Schienenwegen im Nachteil. Wurden doch selbst 1881 erst zwei Fünftel der englischen Kanäle mit Dampfern befahren. Das war aber nur eine der Schwierigkeiten. Es liegt die Frage nahe: warum wurden nicht die Kanäle in dem Augenblicke umgebaut, in welchem der Konkurrent, die Eisenbahn, aufkam? Hierauf lautet die Antwort sowohl in England wie auch in Amerika: Das lag daran, daß die Eisenbahnen sämtlich, die Kanäle großenteils im Privatbesitze waren. Hier gelang es den Eisenbahnen, sich die Konkurrenz fernzuhalten, indem sie so viel Kanalaktien ankauften, als sie zur Fernhaltung unliebsamer Konkurrenz brauchten. Die Bahnen brauchten nicht das ganze Kanalnetz in Besitz zu bekommen, nur die wichtigsten Durchgangsstrecken.[1]) Wenn sie diese beherrschten, konnten sie den Wasserverkehr lahmlegen und verhindern, daß die Wasserstraßen den Eisenbahnen irgendwie unbequem wurden. Dieser Kampf wurde sowohl in den Vereinigten Staaten, wie in England mit einer Rücksichtslosigkeit und mit Anwendung von Mitteln ausgefochten, die uns heute kaum glaubhaft erscheinen. Nicht etwa bloß, daß man förmlich versucht hat, die Kanäle zu sperren, um dadurch den ganzen Verkehr lahmzulegen, oder daß man hohe Tarife für Benutzung der Wasserwege forderte. Demgegenüber konnte der Gesetzgeber eingreifen. Aber es gab noch andere Mittel. Man konnte jeden schikanieren, der eine Wasserstraße im Durchgangsverkehr benutzen wollte, indem man in den verkehrsreichsten Zeiten die Kanäle ausbessern ließ. Vor allem aber konnte man die Entwickelung des gesamten Wasser-

---

1) Vgl. G. Cohn, Untersuchungen über die Englische Eisenbahnpolitik. Bd. II, S. 353. Leipzig 1875.

verkehrs durch Nichtstun, durch Verschleppung des zeitgemäßen Umbaues der Strecken, die von Eisenbahnen beherrscht wurden, sehr wirksam hindern. Das wirkte auf die Rente und Brauchbarkeit aller übrigen Kanäle, welche nicht im Besitze der Eisenbahnen waren, zurück. Die geringe Rentabilität derselben wirkte wieder vor allem in England auf die Stimmung der Anteilseigner der Kanäle. Die betreffenden Anteilseigner, die vor dem Aufkommen der Eisenbahnen aus dem Kanalbesitze beträchtliche Renten bezogen hatten, fanden ihre Kapitalanlage nunmehr recht wenig einträglich. Das Kapital, welches in England in Kanälen angelegt ist, wird — wenn wir die Kanäle abziehen, welche im Eisenbahnbesitze sind — auf 420 Mill. Mark geschätzt. Dieses Kapital trägt heute eine bescheidene Rente. In England und Wales betrug um 1893 die Rente 2,76 Proz., im Durchschnitt im Vereinigten Königreich 2½ Proz.[1] Das sind nun nicht etwa Einnahmen, die im allgemeinen zur weiteren Veranlagung von Geld auf diesem Gebiete sehr anreizten.

In den Vereinigten Staaten sind die Kanäle, welche bis 1837 gebaut worden sind, nur zum Teil mit größeren Abmessungen gebaut. Von den 900 Millionen Mark, die bis 1880 für Kanäle verwendet worden sind, bringt ein Teil heute weder für die Gesamtheit noch für die Unternehmer Gewinn. Mehr als ein Drittel des amerikanischen Kanalnetzes, welches in der ersten Hälfte des 19. Jahrhunderts gebaut wurde, war Ende des 19. Jahrhunderts außer Betrieb: von 4468 Meilen 1953.[2] Ein Teil der einzelstaatlichen Kanäle, die existierten, wurde verkauft, kam in die Hände von Eisenbahngesellschaften und wurde dann von diesen in ähnlichem Sinne verwaltet, wie die englischen Eisenbahngesellschaften die Kanäle verwalteten. 1893 gab es in der nordamerikanischen Union unter den Einzelstaaten nur drei, welche Besitzer von Kanälen waren und diesen einige Pflege angedeihen ließen: New York, Ohio und Illinois, während in den übrigen Einzelstaaten der Union eine Vernachlässigung der Kanalschiffahrt eingetreten war. Eine andere öffentliche

1) Vgl. Johnson, a. a. O., S. 31. Die Angaben Johnsons sind 1893 veröffentlicht. — Nach Carl A. Wagner (Archiv f. Eisenbahnwesen 1902, S. 99) stellte sich im Jahre 1898 nach Abzug des Kapitals des Manchester- und des Gloucester-Ship-Kanal die Durchschnittsdividende auf 3,02 Proz. des Aktienkapitals, während die Rente der Eisenbahnen durchschnittlich 3,7 betrug. Der Coventry-Kanal brachte 1898 sogar 9 Proz
2) Vgl. Johnson, S. 32.

Macht dagegen, die Bundesregierung, hat, wie wir später hören werden, sich seit Ende der siebziger Jahre der Binnenschiffahrt aufs lebhafteste angenommen. Es war gewiß voreilig, von jenen Kanälen, die nicht für den Fernverkehr gebaut worden waren, irgendeinen Schluß bezüglich der Binnenwasserstraßen überhaupt und deren Rolle im Zeitalter der Eisenbahnen abzuleiten. Aber dieser Schluß wurde nach jenen betrüblichen Erfahrungen, die man in England und Amerika machte, tatsächlich gezogen.

Wie wurde nun dadurch die deutsche Entwickelung beeinflußt? Es war nicht unbegreiflich, daß gerade unter dem Eindrucke der englischen und amerikanischen Erfahrungen sich ein lebhafter Widerstand König Ludwig I. entgegenstellte, als er in einem Zeitalter, in dem bereits die Eisenbahnen aufgekommen waren, sich für das Donau-Main-Kanalprojekt entschied. Es kann auch heute zugegeben werden, daß man, wenn damals die heutigen Erfahrungen vorgelegen hätten, den Kanal nicht so gebaut hätte, wie er gebaut worden ist. Es ist sogar behauptet worden, daß mit all den Aufwendungen, die für den Donau-Main-Kanal gemacht worden sind, es möglich wäre, einen ebenso billigen Transport, wie ihn der Kanal heute bietet, auf den Eisenbahnen zu leisten. All das hat aber bloß eine Bedeutung für diejenigen Kanäle, die für die Konkurrenz mit den Landstraßen gebaut waren, aber nicht prinzipiell. Allen Prophezeiungen zum Trotze entwickelt sich gar oft das wirtschaftliche Leben, wo die Gelehrten sich nur wenig Hoffnung machen. So erging es auch in Deutschland dem Binnenwasserverkehr zur Zeit des Aufkommens der Eisenbahnen, trotzdem viele Fachmänner verkündeten: die Binnenwasserstraßen spielen keine Rolle mehr in der Zeit der Eisenbahnen.

III. Der Umschwung zugunsten der Binnenwasserstraßen.

Etwa seit 1875 macht sich ein allmählicher Umschwung der öffentlichen Meinung wieder zugunsten der Binnenwasserstraßen geltend.

In Nordamerika beginnt man von den unvergleichlichen Vorteilen immer mehr Nutzen zu ziehen, welche der Mississippi und das System der miteinander verbundenen großen Seen für die Erschließung eines günstigen Absatzes der landwirtschaftlichen Erzeugnisse der Gebiete westlich von Chicago und Duluth sowie der Bergbauprodukte der Gegenden am Oberen See bieten. Die großen Aufwendungen der Bundesregierung, welche etwa seit 1875 für die Binnenwasser-

straßen gemacht wurden, rechtfertigt man in Amerika mit dem Schlag=
wort, das Eisenbahnmonopol sei wirksam nur durch Wasserwege
zu bekämpfen, auf denen freie Konkurrenz der Schiffer herrsche.

Die Rührigkeit der Amerikaner zeigt sich, nachdem die pacifischen
Eisenbahnlinien ausgebaut sind, auch auf dem Gebiet des Binnen=
wasserverkehrs bewundernswert entwickelt.   Die im Mississippi=
gebiet, auf den Seen, dem Hudsonstrom und den Kanälen New
Yorks bewegte Schiffsfracht belief sich 1890[1]) auf 112 916 233 t,
d. i. nahezu so viel, als insgesamt die riesigen Systeme der New York
Central and Hudson River= und der Pennsylvania-Eisenbahn ein=
schließlich der Hauptlinien des Reading = Systems jährlich ver=
frachteten.   Dabei ist zu erwägen, daß heute noch die Verbindung
des Mississippi-Stromgebiets und des Hudsonstromes mit den
Seen keineswegs die denkbar beste ist.   Immerhin betrug bereits
1889 die Schiffsladung an Frachtgütern, welche vom Huron= zum
Eriesee passierte, mit 20 Mill. Tonnen das Doppelte der ganzen
Schiffsfracht des New Yorker auswärtigen Handels und zwei Drittel
der Fracht, welche an allen Seehäfen der Vereinigten Staaten ins=
gesamt verkehrte.[2]) Die Bundesregierung arbeitet seit 1892 daran,
für den Binnenseeverkehr zwischen Chicago, Duluth und Buffalo
bessere Fahrrinnen überall herzustellen von mindestens 21 Fuß
Tiefe und 300 Fuß Breite.[3]) Auf den Flüssen der Vereinigten Staaten
und den Staatskanälen des Staates New York herrscht Gebühren=
freiheit. Von der Bundesregierung sind im 19. Jahrhundert nahezu
230 Millionen Dollars, d. i. eine Milliarde Mark, geopfert worden
für Hebung des Wasserstraßennetzes und Hafenanlagen.[4]) Es ist
bei solchen Anstrengungen ein leicht begreifliches Resultat, daß die
Frachtsätze für Transporte zu Wasser gefallen sind.   Die Wasser=
fracht betrug im Jahr 1889 für den Bushel Weizen vom wichtigsten
Platze des getreideexportierenden Westens, von Chicago, bis New
York 6,89 Cents.[5]) Man zahlte also ungefähr 10 Mark 71 Pf. Fracht
für 1000 kg auf eine Entfernung, die schnelle Blitzzüge nur in
23 Stunden bewältigen konnten.   Demgegenüber betrug die Fracht
auf dem Donau-Main-Kanal für 1000 kg Getreide von Kelheim
bis Nürnberg, also auf 112,7 km 5 Mark 60 Pf., wovon allein
31 Proz. auf die Kanalgebühr entfielen.[6])

---

1) Vgl. Johnson, a. a. O., S. 8 und 9.
2) Vgl. ebendaselbst S. 9.   3) Vgl. ebendaselbst S. 123.
4) Vgl. ebendaselbst S. 116. 5) Vgl. ebendaselbst S. 56.
6) Vgl. Schanz, Der Donau-Main-Kanal und seine Schicksale, S. 110.

Auch in Europa verbreitet sich in den letzten zwanzig Jahren immer mehr das Bestreben, dem Monopol der Eisenbahnen durch Förderung der Binnenschiffahrt entgegenzuwirken. In Frankreich entwickelte der damalige Minister de Freycinet 1878 ein großartiges verkehrspolitisches Programm. Das bei Sedan militärisch besiegte Frankreich soll durch Hebung des Verkehrswesens wirtschaftlich wieder aufgerichtet werden. Die großen Privatbahngesellschaften werden zum Ausbau neuer Nebenlinien veranlaßt, einen Teil des Eisenbahnnetzes verwaltet von da ab der Staat selbst, allerdings ohne dadurch die gesamte Eisenbahnpolitik zu beherrschen. Eine Konkurrenz gegenüber den Eisenbahnen soll geschaffen werden, indem man allmählich die Binnenschiffahrtsstraßen für die Großschiffahrt umbaut und auf den staatlichen Kanälen 1880 alle Abgaben für Befahrung derselben abschafft.[1]

Auch andere Länder werden von dieser Bewegung erfaßt. Besonders in Deutschland vollzieht sich zwischen 1875 und 1905 ein Umschwung in der Würdigung der Leistungsfähigkeit der Binnenwasserstraßen. Doch begrüßen keineswegs alle Interessenten die Entwickelung der Binnenschiffahrt, die auch sie nicht ableugnen können, mit Freude. Am wärmsten traten für Förderung der Binnenschiffahrt zunächst diejenigen ein, die von den Erfolgen der Eisenbahnverstaatlichung nicht in allem befriedigt waren. Die gesetzgeberische Kontrolle über das Tarifwesen, die man bei der Verstaatlichung erhofft hatte, ist nicht verwirklicht. Das Monopol, welches im Eisenbahnwesen liegt, wird von der staatlichen Verwaltung gehandhabt. Nach bestem Wissen und Gewissen. Aber doch so, daß in Preußen erhebliche Überschüsse erzielt werden, und jedenfalls überall in Deutschland, soweit nicht fiskalische Gesichtspunkte den Ausschlag geben, im Sinne der schutzzöllnerischen Handelspolitik seit 1879, die zugleich die Ausfuhr begünstigen und die Einfuhr gewisser Waren erschweren will.

Viele, die mit der derzeitigen behördlichen Handhabung des Eisenbahnmonopols in Deutschland nicht in allem einverstanden waren, darunter Gegner der seit 1879 befolgten Handelspolitik, aber auch Anhänger derselben, sahen es nunmehr mit Freude, daß

---

1) Nach einem Aufsatze Schumachers im Archiv für Eisenbahnwesen 1899, S. 468 u. 469, hat der französische Staat 1814—1897 für den Bau künstlicher Wasserstraßen 868,8 Millionen Franken, für Flüsse außerdem 635,8 Millionen ausgegeben, im ganzen also 1504,6 Millionen Franken.

es in der Binnenſchiffahrt Frachtſätze gibt, die von der Eiſenbahn-
verwaltung unabhängig ſind.

Diejenigen, welche nicht ihr eigenes Intereſſe, ſondern unparteiiſche
Beobachtung der tatſächlichen Entwickelung zur Prüfung der Ergeb-
niſſe und Leiſtungen der modernen Binnenſchiffahrt zwingt, beginnen
nunmehr ebenfalls — und zwar nach Beobachtung der tatſächlichen
zwiſchen 1875 und 1905 wahrnehmbaren Erfolge — die neuerlichen
Fortſchritte der deutſchen Binnenſchiffahrt anzuerkennen.

Auf welchen Urſachen beruhen dieſe Fortſchritte?

1. Eine wichtige Urſache für die günſtige Entwickelung der Binnenſchiffahrt in der zweiten Hälfte des 19. Jahrhunderts liegt in der
Abgabenfreiheit der Schiffahrt auf natürlichen Waſſerſtraßen.
Die Flußſchiffahrt beginnt, von den Erfolgen jener unausgeſetzten
Bemühungen reichlichen Nutzen zu ziehen, welche zwiſchen 1815
und 1870 dazu geführt haben, die mittelalterlichen Stromzölle zu
beſeitigen. Der Verkehr war Jahrhunderte hindurch beläſtigt und
verteuert worden, ohne daß Entſprechendes vom Ertrage der Abgaben für Verbeſſerung der Schiffbarkeit bis 1800 geleiſtet worden
war. Durch internationale Vereinbarungen wird die Befreiung
der wichtigſten deutſchen Ströme von den alten Schiffahrtszöllen
angebahnt. Der Widerwille des deutſchen Volkes gegen die Schiff-
fahrtszölle war ſo groß, daß er in der Reichsverfaſſung einen ziemlich
radikalen Ausdruck gefunden hat. Freilich iſt dieſer Ausdruck nicht
ſo klar und unzweideutig in der Form, wie man es wohl ſich vorgenommen hatte, ſo daß ſpäter Zweifel über den Inhalt der betreffenden Beſtimmungen auftauchen konnten.

Artikel 54 Abſ. 4 der Verfaſſung des Deutſchen Reiches lautete
bisher: „Auf allen natürlichen Waſſerſtraßen dürfen Abgaben nur
für die Benutzung beſonderer Anſtalten, die zur Erleichterung des
Verkehrs beſtimmt ſind, erhoben werden. Dieſe Abgaben, ſowie die
Abgaben für die Befahrung ſolcher künſtlicher Waſſerſtraßen, welche
Staatseigentum ſind, dürfen die zur Unterhaltung und gewöhnlichen
Herſtellung der Anſtalten und Anlagen erforderlichen Koſten nicht
überſteigen. Auf die Flößerei finden dieſe Beſtimmungen inſoweit
Anwendung, als dieſelbe auf ſchiffbaren Waſſerſtraßen betrieben wird.“

Die Faſſung dieſer Beſtimmungen iſt keineswegs unzweideutig.
Daß von einer Verzinſung des Aufwandes für natürliche oder
künſtliche Waſſerſtraßen nicht ausdrücklich die Rede iſt, iſt ſicher.
Leider iſt jedoch nicht ausgeſprochen, wie die durch Abgaben zu er-
ſetzenden Koſten zu berechnen ſind, ebenſowenig, was eine natürliche

und eine künstliche Wasserstraße ist. Ungewiß bleibt insbesondere, ob kanalisierte Flüsse zu den künstlichen Wasserstraßen im Sinne der Abgabenpflicht zu rechnen sind. Daß regulierte, aber nicht mit Stauanlage kanalisierte Flüsse, auch wenn sehr große Summen für ihre Schiffbarmachung verwendet sind, als natürliche Wasserstraßen gemäß der Reichsverfassung zu behandeln sind, ist ziemlich sicher.

2. Die zweite Ursache des Fortschritts der Binnenschiffahrt in Deutschland liegt auf technischem Gebiete. Durch neue Verfahren im Strombau, Neuerungen im Kanalbauwesen und Verbesserungen im Schiffsbau und Schiffszug erlangte die Binnenschiffahrt gerade im Wettbewerb mit den Eisenbahnen eine gesteigerte Leistungsfähigkeit.

Zunächst hat das 19. Jahrhundert große Fortschritte in der Schiffbarmachung der Flüsse aufzuweisen. In der ersten Hälfte des 19. Jahrhunderts bürgert sich das Verfahren ein, durch Nadelwehre[1]) eine bestimmte Mindesttiefe auch auf wasserarmen Flüssen aufrecht zu erhalten. Für Regulierungen, deren Technik ebenfalls fortschreitet, und für Kanalisierungen der Flüsse werden nunmehr aus öffentlichen Mitteln große Opfer gebracht. Für die Zukunft bildet die Anlage von Staubecken eine wichtige und dankbare Aufgabe.

Im Bau künstlicher Wasserstraßen trat zunächst etwa seit 1870 eine Erfahrung klar zu tage: ein Kanal, auf welchem bloß kleine Schiffe, von Menschen oder Pferden gezogen, verkehren, ist mit der Eisenbahn auf die Dauer nur ganz ausnahmsweise konkurrenzfähig.[2]) Der Aufwand für solche Kanäle pflegt sich heute nur selten durch Einnahmen aus Kanalabgaben oder durch gesteigerte allgemeine

---

1) Es sind dies Stauwerke, bei welchen Stauung und Wasserdurchlaß genau dadurch geregelt werden, daß je nach Bedarf einzelne Hölzer (Nadeln) aus der Stauanlage herausgezogen oder eingelegt werden. Die Stauung kann durch Einlegen aller Nadeln vollständig gemacht, durch Entfernung einzelner Nadeln vermindert, endlich durch Niederlegen des Wehrs beseitigt werden. Am kanalisierten Main zwischen Frankfurt und Mainz wirken solche Nadelwehre ausgezeichnet. Derselbe Zweck wird heute auch durch andere technische Mittel erreicht.

2) Nach Bubendey, S. 245, sind z. B. diejenigen englischen Kanäle, welche nur Schiffen von 20—30 t Ladefähigkeit den Verkehr gestatteten, heute unter die leistungsfähigen Wasserstraßen überhaupt nicht mehr zu rechnen.

Steuerfähigkeit der Gegend zu lohnen. Kanäle hingegen, auf denen eine Großschiffahrt möglich ist, auf denen Schiffe von 450 oder 600 t Tragkraft verkehren und auf denen die Anwendung mechanischer Kraft zur Fortbewegung der Schiffe möglich ist, verfallen durchaus nicht im Zeitalter der Eisenbahnen diesem ungünstigen Urteile. Von größter Wichtigkeit ist, daß eine Großschiffahrt möglich ist und daß die rasche Beförderung nicht durch viele kleine Schleusen vereitelt wird. Soweit Steigungsverhältnisse zu überwinden sind, bemüht sich daher die neuere Technik, möglichst auf einmal, statt durch kleine Schleusen (also nicht mehr durch eine sog. Schleusentreppe), Höhenverschiedenheiten zu überwinden. Die heutigen Fortschritte der Technik gestatten es, mit Kammerschleusen eine Steigung von 10 m auf einmal zu bewältigen.[1]) Ein bereits angewendetes Mittel, auch größere einmalige Steigungen zu überwinden, ist das Schiffshebewerk. Das Schiff schwimmt in einem mit Wasser gefüllten Troge. Der Trog samt dem darin schwimmenden Schiff wird auf und nieder bewegt. Dies ist beim deutschen Dortmund-Ems-Kanal in Henrichenburg verwirklicht. Der Gedanke, einen Trog, in welchem ein Schiff schwimmt, auf einer schiefen Ebene auf und nieder zu bewegen, um noch größere Steigungen zu überwinden, ist für die Großschiffahrt noch nicht verwirklicht, aber ernsthaftes Projekt.[2])

In der Flußschiffahrt und in der Kanalschiffahrt macht sich ein großer technischer und wirtschaftlicher Umschwung im 19. Jahrhundert durch die Vergrößerung der Schiffe geltend. Der größte Schleppkahn auf dem Rhein hatte 1902 eine Tragfähigkeit von 2340 t. Im Jahre 1902 sind sämtliche Segler und Schleppkähne auf dem Rhein, die eine Tragfähigkeit von mehr als 650 t haben, aus Eisen gebaut. Die durchschnittliche Tragfähigkeit der Segel- und Schleppkähne ist von 182 t (1884) auf 340 t (1902) gestiegen.[3]) Ein Rhein-

---

1) Nach Bubendey, S. 253, wurden noch bis 1870 ungern Schleusen für ein größeres Gefälle als 2,5 m gebaut, während heute die Überwindung des Drei- und Vierfachen keineswegs mehr ungewöhnlich ist.

2) Bei Elbing am Oberländischen Kanal werden 50 t ladende Schiffe im Trocknen auf Wagen mit Überwindung von 25 m Gefälle auf geneigter Ebene befördert. Dies ist für Schiffe von 600 t nicht verwertbar. Der Gedanke, einen mit Wasser gefüllten Wagen, in welchem solche große Schiffe schwimmen, auf geneigter Ebene zu befördern, ist noch Projekt, wie nochmals hervorgehoben werden soll.

3) Vgl. Bb. 102 b. Schriften b. Ver. f. Sozialpolitik, S. 89, 90.

schiff von 1500 t Tragfähigkeit vermag so viel wie 150 Güterwagen von 10 t Ladefähigkeit zu befördern. Es ersetzt mehrere Güterzüge. Die Zahl der deutschen Binnenschiffe mit über 800 t Tragfähigkeit (größtenteils Schleppschiffe) hat sich von Ende 1887 bis Ende 1907 von 81 auf 1213 vermehrt. Die Tragfähigkeit der statistisch erfaßten deutschen Binnenflotte hat sich in derselben Zeit von 2,1 auf rund 5,9 Millionen Tonnen erhöht. Die Zahl der Schiffe hat sich bei den Fahrzeugen mit weniger als 150 t Tragfähigkeit vermindert, ist aber im ganzen gestiegen.[1]) Während man in der ersten Hälfte des 19. Jahrhunderts den Ludwigs-Donau-Main-Kanal für Schiffe mit 127 t Tragfähigkeit konstruiert hat, nimmt man jetzt bei den neuesten Kanalbauten in Aussicht, daß sie für Schiffe mit 600 t Tragfähigkeit ausreichen müssen. Dementsprechend muß nicht nur die Fahrrinne und die Dimension der Schleusen, sondern auch die Anlage der Brücken heute auf die Bedürfnisse der Groß-schiffahrt Rücksicht nehmen.

Auch in der Kunst der Fortbewegung der Schiffe hat die Binnen-schiffahrt im 19. Jahrhundert große Fortschritte aufzuweisen. Abgesehen von den Erleichterungen, welche die Anwendung der Kette für die Bergfahrt auf gewissen Strömen bietet, ist vor allem die Einbürgerung der Dampfschiffahrt bei Flüssen und Kanälen[2]) ein Moment des Fortschritts gewesen. Gegenwärtig werden Versuche gemacht, auch die Elektrizität dem Schiffszuge in der Binnenschiffahrt dienstbar zu machen, auch geht die Entwickelung von Methoden des mechanischen Schiffszugs auf Kanälen rüstig vorwärts (Tauerei, elektrischer Schiffszug mit Loko-motiven usw.).

Auch jetzt schon zeigt die Binnenschiffahrt, und zwar im Wett-bewerb mit den Eisenbahnen eine viel gewaltigere Entwickelung als um 1800, da sie mit den Landstraßen zu konkurrieren hatte. Allerdings unter einer Voraussetzung. Der Aufschwung der Binnen-schiffahrt begegnet vor allem da, wo Großbetrieb mit Anwendung mechanischer Bewegungskraft möglich ist.

---

1) Vgl. Stat. Jahrb. f. d. Deutsche Reich 1909, S. 129.
2) Die Verwendung von Dampfschiffen auf Kanälen ist ein weit schwierigeres Problem als die Dampfschiffahrt auf Flüssen. Schrauben-dampfer und Seitenradbampfer richten leicht Beschädigungen am Kanalbett an, während die Dampfschiffahrt auf Flüssen sich längst bewährt hat.

IV. Statiftifche Ergebniffe.

Die überraschendsten Ziffern über die Fortschritte der deutschen Binnenschiffahrt sind die von Arthur L. Sympher zusammengestellten. Diese Statistik beabsichtigt einen Vergleich der Entwickelung des Verkehrs auf den Eisenbahnen und Binnenwasserstraßen Deutschlands seit 1875. Die bisherige Unvollkommenheit der amtlichen Erhebungen über den Binnenschiffahrtsverkehr nötigte zu Schätzungen bezüglich der auf den Binnenwasserstraßen geleisteten Tonnenkilometer. Diese Schätzungen sind mit Sorgfalt und Sachkenntnis von Herrn Sympher aufgestellt.[1] Natürlich sind aber Irrtümer, solange wir auf Schätzungen angewiesen sind, nicht ausgeschlossen. Die Erhebungen bezüglich der Eisenbahnen sind jedenfalls zuverlässiger, als die Schätzungen der Tonnenkilometer des Wasserverkehrs sein können. Es sind ferner 10 000 km schiffbare Binnenwasserstraßen sowohl für 1875 wie 1905 angenommen und damit 1905 unbedeutendere einigermaßen schiffbare Strecken nicht einbezogen. Dadurch, daß nur die einigermaßen leistungsfähigen Wasserwege 1905 einbezogen sind, ist das Ergebnis für die Binnenschiffahrt günstiger, als wenn der Durchschnitt durch Heranziehung sehr gering leistungsfähiger Wasserläufe herabgedrückt würde. Mit diesen Vorbehalten ist die folgende Statistik hinzunehmen.

I. Deutsche schiffbare Wasserstraßen ausschließlich der von Seeschiffen befahrenen Flußmündungen:	1875	1905
Länge	10 000 km	10 000 km
Angekommen	11 000 000 t	56 400 000 t
Abgegangen	9 800 000 t	47 000 000 t
Netto Tonnenkilometer	2 900 000 000	15 000 000 000
Kilometrischer Verkehr[2]	290 000	1 500 000
Mittlere Transportentfernung	280 km	290 km

1) Über die Methode der Schätzung vgl. Zeitschrift für Bauwesen 1891, S. 45. Eine kritische Erörterung der Berechnungsmethode gibt Major Kurs in der Zeitschrift für Binnenschiffahrt 1899, S. 150 ff.
2) Es gibt dreierlei Arten, wie man den Verkehr statistisch darstellen kann. Die erste Möglichkeit ist die, daß wir fragen: wieviel an Tonnen ist überhaupt auf einer Straße gefahren worden? Die zweite Möglichkeit ist die, daß wir Gewicht und Länge der geleisteten Transporte ins Auge fassen und nach sogenannten Tonnenkilometern, das heißt danach fragen, wie oft die Leistung, eine Tonne 1 km weit zu befördern, innerhalb eines Zeitraumes vollbracht worden ist.

II. Deutsche Eisenbahnen:	1875	1905
Länge	26 500 km	54 400 km
Tonnenkilometer.	10 900 000 000	44 600 000 000
Kilometrischer Verkehr	410 000	820 000
Mittlere Transportentfernung[1])	125 km	151 km

III. Prozentanteil am
Gesamtverkehr:

Binnenwasserstraßen	21 Proz.	25 Proz.
Eisenbahnen	79 ⸗	75 ⸗
	100 Proz.	100 Proz.

Die Ergebnisse dieser vielbesprochenen Ziffern sind vor allem folgende:

Wenn es wirklich richtig ist, die schiffbaren Wasserstraßen für 1875 und 1905 unverändert mit 10 000 km anzunehmen,[2]) so ist auffällig, daß die gesamte Leistung in Tonnenkilometern auf dem als gleichbleibend angenommenen Wasserstraßennetze 1905 vom Gesamtverkehr zu Wasser und per Bahn sogar etwas mehr ausmacht als 1875 (25 gegen 21 Proz.), obwohl die Eisenbahnen von 26 500 auf 54 400 km erweitert wurden. Der kilometrische Verkehr war, wenn Symphers Schätzungen völlig zutreffen, 1875 weit geringer zu Wasser als per Bahn, 1905 ist der durchschnittliche

---

Die dritte Möglichkeit ist die Feststellung des kilometrischen Verkehrs: die gesamte Transportleistung in Tonnenkilometern wird verglichen mit der Ausdehnung des Verkehrsnetzes, und es wird berechnet, wieviel von der Gesamtleistung auf je 1 km des Netzes entfällt. Dies ist für die Vergleichung der anschaulichste Maßstab, wenn uns interessiert, was die Wasserstraßen und Eisenbahnen für den Verkehr geleistet haben. Die oben angegebenen Ziffern Symphers sind in der Zeitschrift für Binnenschiffahrt 1907, S. 496 ff., mitgeteilt.

1) Bei Berechnung der „mittleren Transportentfernung" sucht man Antwort auf folgende Frage: Auf wieviel Kilometer Entfernung benutzte durchschnittlich jede einmal aufgelieferte Tonne Fracht den Wasserweg oder die Eisenbahn bis zur Abgabe an der Ankunftsstation?

2) Wenn die Länge der deutschen Wasserstraßen 1905 dieselbe wie 1875 war, so war die Qualität gewaltig verbessert. Für 1894 berechnet übrigens Major Kurs die Länge der schiffbaren Kanäle und Flüsse Deutschlands auf mehr als Sympher, nämlich auf 12 223,02 km. Einschließlich der schiffbaren Binnenseestrecken und Haff-, Außenfahrwasser- oder Außentiefstrecken zählte Major Kurs 14 939,37 km schiffbare Binnenwasserstraßen 1894 in Deutschland. Vgl. S. X der von Major Kurs herausgegebenen Tabellarischen Nachrichten über die flößbaren und die schiffbaren Wasserstraßen des Deutschen Reichs. Berlin 1894.

Verkehr auf Eisenbahnen beträchtlich gestiegen, der Wasserverkehr jedoch viel lebhafter, so daß er mit 1 500 000 tkm den kilometrischen Verkehr der Eisenbahnen (820 000 tkm) überflügelte. Die kilometrische Leistung der deutschen Wasserstraßen ist gegenwärtig auch dreimal so groß als diejenige der französischen.[1)

Die aufgeführten Ziffern sind gewiß sehr bedeutsam. Indes muß man davor warnen, übereilte Schlüsse etwa aus diesen Schätzungen ziehen zu wollen. Zunächst ist in der angeführten Statistik nur ein Teil der Eisenbahnleistung mit der Hauptleistung der Wasserstraßen verglichen. Der Personenverkehr, der bei den Eisenbahnen eine große, bei den Wasserstraßen eine geringe Rolle spielt, ist unbeachtet geblieben. Aber auch für den Frachtverkehr dürfen wir die Bedeutung der angeführten Statistik, so groß sie immerhin sein mag, nicht überschätzen. Wenn per Kilometer die Frachtleistung in Deutschland auf den Wasserstraßen 1905 größer war wie auf den Eisenbahnen, so dürfen wir uns das nicht so vorstellen, als ob auf diesen Wasserstraßen etwa mehr Güterlasten befördert worden seien. Das ist nicht der Fall. Die Menge der beförderten Lasten ist tatsächlich sehr viel kleiner auf den Wasserstraßen wie auf den Eisenbahnen.

Wenn vom Gesamtverkehr in Tonnenkilometern in Deutschland nahezu ein Viertel auf die Binnenwasserstraßen, drei Viertel aber auf die Eisenbahnen entfallen, so heißt dies nicht, daß ein Viertel aller Lasten — statt per Bahn — auf der Wasserstraße befördert wird. Ungefähr nur 16,2 Proz. aller angekommenen Lasten benutzten die Wasserstraße; da aber die einmal aufgeladenen Güter ohne Umladung die Wasserstraße durchschnittlich 290 km, die Bahn nur 151 km weit benutzten, kommen beim Wasserverkehr besonders viel Tonnenkilometer heraus.

Nicht immer ist es durch die geradlinige Entfernung des Anfangs- und Endpunkts des Transports zu erklären, daß die Güter auf der Wasserstraße eine durchschnittlich längere Transportentfernung zeigen. Zunächst macht die natürliche Wasserverbindung zwischen zwei Endpunkten infolge von Stromkrümmungen oft einen größeren Umweg als die Bahnlinie. Außerdem wird wegen der Wohlfeilheit des Wasserwegs oft ein sehr großer Umweg zwischen zwei End-

---

1) Der kilometrische Verkehr auf den französischen Binnenwasserstraßen wird von Sympher a. a. O. mit 411 000 für 1905 gegen 182 000 im Jahre 1875 angegeben.

punkten gewählt, welche mit der Eisenbahn nur einige 100 km entfernt sind, sofern nämlich der Verkehr im Eisenbahntransport teurer als im Wassertransport bedient wird. Dafür ist 1891 eines der wunderbarsten Beispiele erbracht worden. Es wurde da festgestellt, daß eine beträchtliche Menge von Soda aus der württembergischen Stadt Heilbronn nach Tetschen in Böhmen zu senden war. Nun liegt gewiß nichts näher, als daß man für diesen Weg die Eisenbahn wählt. Die Soda wurde aber nicht auf diesem Wege verfrachtet, sondern zunächst auf dem Neckar stromabwärts befördert, dann umgeladen auf Rheinschiffe, in Rotterdam wieder umgeladen und nach Hamburg gebracht und nach abermaliger Umladung die Elbe hinaufgefahren bis nach Tetschen. Bei alledem kam die Fracht billiger als auf der Eisenbahn.[1])

Im übrigen ist der Aufschwung des Verkehrs in Deutschland nicht überall zwischen 1875 und 1905 wahrzunehmen. Den Hauptanteil des Gesamtverkehrs beanspruchen 1905 Rhein und Elbe, auf die — ohne Berücksichtigung ihrer Zuflüsse — 66,9 Proz. aller geleisteten Tonnenkilometer entfallen. Ein großer Fortschritt zeigt sich — außer bei Rhein und Elbe — bei Oder und Weser, weniger bei der Donau; im übrigen nur auf denjenigen nicht zahlreichen Kanälen und kanalisierten Strecken, welche 1905 größeren Schiffen zugänglich waren.

Auf Wasserstraßen, für deren Anpassung an heutige Ansprüche nichts geschehen ist, zeigt sich auch in Deutschland zwischen 1875 und 1905 vielfach ein Rückgang.

Fragen wir, an welchen Punkten gegenwärtig die größten Gewichtsmengen zu Wasser ankommen und abgehen, so stehen im Jahre 1905 die drei — heute in der Verwaltung vereinigten — Rhein-Ruhr-Häfen Ruhrort, Duisburg, Hochfeld obenan. Im einzelnen stellt sich der Verkehr an den 13 wichtigsten deutschen Binnenhäfen mit mehr als 700 000 t angekommenen Gütern im Jahre 1905 — verglichen mit 1875 — folgendermaßen:[2])

---

1) Ulrich, Staffeltarife und Wasserstraßen, S. 86, 87, entnimmt diese Mitteilung einem Referate von Dr. Landgraf. Ähnlich berichtete Dr. Hammacher am 11. März 1898 im Deutschen Reichstag, daß damals ein Essigfabrikant in Eßlingen Essig nach Hamburg — um die hohe Bahnfracht zu vermeiden (431 Mk. pro 10 t) — auf folgendem Wege schickte: per Bahn von Eßlingen nach Mannheim, per Rheinschiff von da nach Rotterdam, endlich per Seeschiff von hier nach Hamburg. Die gesamte Fracht betrug derart nur 249 Mk. pro 10 t.
2) Vgl. Zeitschrift für Binnenschiffahrt 1907, S. 498.

Nummer	Hafenplatz	Im Jahre 1875			Im Jahre 1905		
		ange-kommen	abge-gangen	zu-sammen	ange-kommen	abge-gangen	zu-sammen
		Gütermengen in 1000 Tonnen					
1	Ruhrort, Duisburg und Umgebung .	761	2 174	2 935	7 930	11 532	19 462
2	Berlin und Char-lottenburg . . .	2 992	247	3 239	9 414	700	10 114
3	Hamburg	336	463	799	3 113	4 740	7 853
4	Mannheim . . .	569	167	736	4 309	987	5 296
5	Stettin	210	304	514 (ca.)	793	1 678	2 471
6	Magdeburg . . .	418	258	676	1 301	767	2 008
7	Ludwigshafen . .	103	26	129	1 306	515	1 821
8	Frankfurt a. M. .	197	4	201	1 311	269	1 580
9	Köln	160	98	258	845	250	1 095
10	Mainz	116	16	132	828	247	1 075
11	Düſſeldorf . . .	104	36	140	880	139	1 019
12	Dresden	179	17	196	826	147	973
13	Guſtavsburg . . .	112	9	121	851	17	868
	Demgegenüber erzielten:						
	Regensburg . . .	27	14	41	196	48	144
	Paſſau	75	68	143	102	14	116
	Nürnberg	64	30	94	40	3	43

(Hierbei iſt der Verkehr auf den auch von Seeſchiffen befahrenen
Flußmündungen nicht mitgerechnet.)

Die Leiſtungsfähigkeit der deutſchen Binnenſchiffahrt im Zeitalter der Eiſenbahnen ſchlechterdings abzuſtreiten, iſt nach den für
1905 vorliegenden Ziffern unmöglich. Allerdings ſind die Schiffer
unbedingt auf die Mitwirkung der Eiſenbahnen, welche von Waſſer-
ſtationen und zu dieſen den Umſchlag vermitteln, angewieſen.
Gegenüber gleichlaufenden Eiſenbahnlinien iſt die Flußſchiffahrt
im weſentlichen da konkurrenzfähig, wo es beim Transport ſchwerer
Maſſenartikel von geringem Werte pro 1000 kg mehr auf Wohlfeilheit als auf Schnelligkeit der Beförderung ankommt. Doch kommt
es auch vor, daß höherwertige nicht verderbliche Güter den Waſſer-
weg aufſuchen, ſofern aus irgendwelchen Gründen die Eiſenbahnen
von dieſen Gütern beſonders hohe Frachten fordern. Dies gilt nicht
nur vom Getreide, ſondern auch von einer ganzen Anzahl anderer
nicht in die billigeren Spezialtarife II und III aufgenommener
Waren.

V. Die Frage der Abgabenerhebung auf Wasserstraßen und Betrachtung über „Angst vor dem Verkehre".

Die bisherige rechtliche Regelung der Abgabenfrage auf Wasserstraßen nach der Reichsverfassung und Staatsverträgen wurde an früherer Stelle geschildert. Es erübrigt jetzt noch die tatsächliche Handhabung der erwähnten Rechtsgrundsätze und die Bestrebungen zu schildern, die sich neuerdings dahin geltend machen, veränderte Grundsätze der Abgabenerhebung einzuführen.

In der Praxis wird gegenwärtig derart verfahren, daß die Schiffahrt auf offenen Strömen von Abgaben für die Befahrung derselben — mit wenigen Ausnahmen — frei bleibt, während für die Benutzung von Hafen= und Löscheinrichtungen vielfach Abgaben gefordert werden. Auf den wichtigsten Strömen sichern außer der Reichsverfassung Staatsverträge die Befreiung von Abgaben für das bloße Befahren des Wasserwegs. An Staustufen kanalisierter Flüsse dagegen erhebt die preußische Regierung, wo sich Gelegenheit bietet, neuerdings nicht unbeträchtliche Abgaben, so auf dem kanalisierten unteren Main, auf der Fulda zwischen Kassel und Münden, auf der oberen Oder usw. Auf den Kanälen — hie und da auf einem künstlich innerhalb einer natürlichen Wasserstraße hergestellten Großschiffahrtsweg — werden in Deutschland regelmäßig Schiffahrtsabgaben auch für die Befahrung erhoben.

Wo es sich um Schiffahrtsstraßen handelt, die für die Großschiffahrt unbenutzbar sind, wie derzeit der Donau=Ludwig=Main-Kanal, kann bei geringem Verkehr trotz hoher Schiffahrtsabgaben die Einnahme so unbedeutend sein, daß sie nicht einmal die laufenden Ausgaben, geschweige denn irgendwie die Zinsen des Anlagekapitals deckt. Nicht überall ist jedoch solch ein Defizit wie beim Donau-Main-Kanal zu bemerken. Die märkischen Wasserstraßen, obwohl keineswegs in allen Punkten den Anforderungen der heutigen Großschiffahrt entsprechend, stehen finanziell — infolge des überaus lebhaften Verkehrs auf denselben — weit günstiger da. Der preußische Finanzminister bemerkte im Landtage: „Der Finow=Kanal rentiert ein Kapital von 10 Millionen Mark obgleich er sicherlich keine 2 Millionen Mark gekostet hat. Auch die übrigen märkischen Wasserstraßen werfen eine annehmbare Rente ab."[1]

---

1) Vgl. Schwabe, S. 75. Bisher war der Finow=Kanal nur für Schiffe von 150—170 t benutzbar. Vgl. Schwabe, S. 130. Peters, Die finanzielle Entwickelung der preußischen Binnenwasserstraßen.

Die Summe, welche in Preußen für Binnenwasserstraßen verwendet wird, ist für die Zeit 1881—1897 auf 398 781 000 Mark berechnet, wovon ein Drittel auf ordentliche Ausgaben (für Unterhaltung, Verwaltung und Abgabenerhebung) entfiel, während zwei Drittel für wesentliche Erneuerung, Verbesserung und Neubau verausgabt wurden. Von den gesamten Ausgaben, die zwischen 1891 und 1897 gemacht wurden, entfielen 149 Millionen auf Flüsse, 57 Millionen auf Kanäle.[1])

Es ist bestritten, ob die Aufwendungen für Wasserstraßen als solche anzusehen seien, deren Verzinsung man finanzpolitisch, wie die des Eisenbahnanlagekapitals, durch besondere Einnahmen von diesem Verkehrsmittel decken müsse. Die einen erklären, Kostendeckung durch Schiffahrtsabgaben müsse jedenfalls erstrebt werden, da sonst durch unvergoltene Zuwendungen aus Staatsmitteln eine Gegend vor der anderen bevorzugt werde. Ebenso wird für die Gebühren geltend gemacht, daß erst dann, wenn eine Einnahme von der Schiffahrt gesichert sei, die Verbesserung der Wasserstraßen erheblich gesteigert werden könne. Abgaben, für die etwas geleistet werde, seien mit den alten Stromzöllen, für die wenig oder nichts geleistet wurde, nicht vergleichbar. Endlich gibt es besonders begeisterte Befürworter der Abgabenerhebung auf Binnenwasserstraßen, welche — unter Abänderung der Verfassung und der Staatsverträge — beträchtliche Abgaben besonders auf Rhein und Elbe einführen möchten, damit den preußischen Eisenbahnen nicht unliebsame Konkurrenz durch die Schiffahrt erwachse, und damit nicht durch die Schiffahrt die Tarifpolitik der Eisenbahnen durchkreuzt werde.

Gegenüber diesen Forderungen, durch Abgaben die Schiffahrt mehr als bisher zur Deckung der Kosten für Wasserstraßen heranzuziehen, werden aber auch sehr erhebliche Einwendungen von anderen

---

(Archiv f. Eisenbahnwesen 1902, S. 749 ff.), berechnet für 1900/01, daß die „märkischen", d. h. sämtliche zwischen Elbe und Oder gelegenen Wasserstraßen zwei Drittel der preußischen Binnenschiffahrtsabgaben aufbrachten, jedoch nur eine Kapitalverzinsung von 0,70 Proz. erzielten.

1) Vgl. Schwabe, S. 125. Die Kosten der Herstellung und Regulierung der preußischen Ströme werden für 1866 bis einschließlich 1897/98 — unter Abzug von 50 % des Aufwands als nicht im Schiffahrtsinteresse erfolgt — in den preußischen Landtagsdrucksachen auf 65 685 000 ℳ, die Unterhalts- und Betriebskosten für 1897/98 auf 7 905 000 ℳ geschätzt. Diese zwecks der Abgabenrechnung gemachte Aufstellung bleibt also beträchtlich hinter Schwabes Schätzungen zurück.

geltend gemacht: Die Wasserstraßen seien den Chausseen ähnlich abgabenfrei zu behandeln, da in beiden Fällen nicht monopolisierter, sondern freier Verkehr verschiedener konkurrierender Verfrachter möglich sei. Die Ausgaben für Verbesserung von Land- und Wasserstraßen könnten sich ferner in gesteigerter allgemeiner Steuerfähigkeit der hierdurch begünstigten Landesteile ebensogut rentieren[1]) als in Einnahmen aus speziellen Verkehrsabgaben. Im übrigen sei auch die Eisenbahn nicht Selbstzweck, vor allem sei es nicht bei der Verstaatlichung in Aussicht gestellt worden, daß durch ein staatliches Eisenbahnmonopol Überschüsse angestrebt würden und daß jede Konkurrenz, die diese Überschüsse gefährde, erdrückt werden solle. Außerdem pflege durch Wasserstraßen neuer Verkehr zu entstehen, und auch der Eisenbahnverkehr pflege zuzunehmen, wo eine leistungsfähige Wasserstraße entstehe. Endlich sei es vielfach rechnerisch nicht möglich, die Aufwendungen für die Flußbauten in solche, die im Schiffahrtsinteresse, und solche, die im Interesse der angrenzenden Landwirte oder auch zum Schutz gegen Überschwemmungen gemacht seien, zu scheiden. Es sei somit ein genauer Maßstab für das, was hier durch Abgaben verzinst werden solle, nicht zu finden.

Mein persönlicher Standpunkt ist, daß Rhein- und Elbschiffahrtsabgaben, die erst nach Änderung der Verfassung und gewisser Staatsverträge möglich wären, eine nicht geringe Gefahr für Deutschland bedeuten würden, sofern nicht gleichzeitig große Reformen der Gütertarife eintreten. Die Gefahr besteht darin, daß Stromabgaben auf die Dauer zu einer Frachtverteuerung führen können. Eine Frachtverteuerung angesichts der heute in der Welt herrschenden Konkurrenz bewußt herbeizuführen, wäre eine enorm rückschrittliche Politik. Sie würde nicht nur die an den Wasserstraßen selbst belegenen Produktions- und Konsumtionsgebiete schädigen. Die Leistungsfähigkeit der Binnenschiffahrt ist eine der Voraussetzungen der Blüte des Seehandels. Die Hafenplätze ohne leistungsfähigen Binnenwasserstraßenverkehr beherrschen ein zu gering ausgedehntes Hinterland, auch wenn die Eisenbahnen noch so sehr die Seehäfenausnahmetarife ausbilden. Die Franzosen weisen angesichts der Blüte von Antwerpen, Rotterdam, Hamburg heute mit Recht darauf hin,

---

1) In der Tat brachten in Preußen 1895/96 die durch Wasserstraßen besonders begünstigten Bezirke mit nur 28 Proz. der Bevölkerung nicht weniger als 47 Proz. der direkten Staatssteuern auf. Vgl. hierzu Nr. 40 der Schriften des deutsch-österr.-ungar. Verbandes für Binnenschiffahrt, S. 15, 16.

daß, wer einen großen Seehandelsverkehr will, die Ergänzung durch leistungsfähige Binnenwasserstraßen wollen muß. Für Deutschland ist durch spezielle Untersuchungen[1]) festgestellt, in welchem Maße die Binnenwasserstraßen den deutschen Seeverkehr fördern Nicht hingegen soll hiermit behauptet werden, daß Kanalabgaben und Abgaben zur Deckung der Kosten großer Verbesserungen auf kanalisierten Flüssen in jedem Falle verwerflich seien. Wird etwas geleistet, was eine namhafte Frachtersparnis für die Zukunft bringt, dann kann eine mäßige Belastung — in den Grenzen, wie sie die Reichsverfassung gestattet — ertragen werden. Für den Bau von Kanälen, zu deren Verzinsung Abgaben nichts beitragen, würde vor allem äußerst schwer die Zustimmung der Regierungen und Volksvertretungen zu gewinnen sein. Ähnliches gilt, wenn auch mit Einschränkungen, von kostspieligen Kanalisierungen von Flußläufen.[2])

So wichtig im einzelnen Fall für die Praxis die Regelung der Abgabenfrage sein mag, so erschöpft sich doch hierin nicht die Frage der Binnenwasserstraßen. Der Abgabenstreit ist vielmehr nur ein Anzeichen dafür, daß die heutige Entwickelung der Binnenwasserstraßen zu einer steigenden Leistungsfähigkeit der Schiffahrt auf gut ausgerüsteten Wasserwegen geführt hat. Finanzminister, die sorgsam nach neuen Einnahmequellen spüren, wenden nun ihre Aufmerksamkeit der Möglichkeit der Ausnutzung der Wasserstraßen für Finanzzwecke zu; anderseits unterstützen solche Interessenten gerne das Streben der Finanzverwaltung nach Schiffahrtsabgaben, denen die Wirkung des Wasserverkehrs unbequeme Verschiebungen des bisherigen Zustandes brachte oder zu bringen droht.

Fassen wir zusammen: Auch in Staatsbahnländern ist, solange es unmöglich ist, durch gesetzliche Tarifregelung die Verwaltung bei

---

. 1) Vgl. die oben angeführte Schrift von Cords.

2) Auch hier jedoch könnte nach Lage des einzelnen Falles ein besonderes Interesse einmal auch zugunsten der Schaffung einer abgabenfreien Wasserstraße sprechen. Man berechnete z. B., daß die bayerische Regierung, wenn sie den Main von der Landesgrenze bis Aschaffenburg kanalisieren würde, allein durch billigeren Bezug der Kohle für die Staatseisenbahnen die 450 000 Mark ersparen könnte, welche zur Verzinsung der Kosten der Kanalisierung und zur Deckung der laufenden Verwaltungsausgaben nötig wären. Vielleicht hätte die bayerische Bahnverwaltung auch noch außerdem beträchtliche Summen erspart. Vgl. E. Heubach, Die verkehrspolitische Aufgabe der Stadt Aschaffenburg bei Weiterführung der Mainkanalisierung. Aschaffenburg 1899, S. 51.

der Handhabung des Eisenbahnmonopols zu kontrollieren, die Möglichkeit vorhanden, daß bei der Eisenbahnpolitik wichtige Landesinteressen übersehen und geschädigt werden. Die Bedeutung der Binnenwasserstraßen, auf denen keine feste Tarifpolitik, sondern Schwanken der Frachten unter Wettbewerb der Verfrachter besteht, liegt in der Gegenwart vor allem darin, daß sie den Gedanken der Konkurrenz gegenüber dem Eisenbahnmonopol verwirklichen, daß sie durch Wettbewerb auf gewissen Strecken die Eisenbahnen zu Frachtermäßigungen schneller drängen als nach dem sonstigen Geschäftsgange zu erwarten wäre.[1])

Die Wasserstraßen kennen — solange freie Konkurrenz hier die Frachtbildung beherrscht — nicht einen unerwünschten oder lästigen Verkehr, ebensowenig wie vernünftig und loyal geleitete Privatbahnen, während staatliche Bahnen unter Umständen durch schutzzöllnerische Strömungen gezwungen werden, mittels teurer Frachten die Versendung gewisser Waren auf große Entfernungen zu erschweren. Die Wasserstraßen würden nicht mehr das, was ihren Erfolg bedang, leisten, wenn auch die Schiffahrt monopolisiert wäre oder verstaatlicht würde. Die Voraussetzungen der Aufrechterhaltung des Erfolges der Binnenschiffahrt liegen in zwei Dingen: erstens darin, daß Massengüter, die nicht schnell verderblich sind, auf sehr große Entfernungen zu Wasser wohlfeiler als per Bahn befördert werden können, zweitens darin, daß hier Verkehrsmittel vorliegen, welche, unabhängig von den jeweilig bei der Regierung und bei den Parlamentsmajoritäten herrschenden Meinungen über Wirtschaftspolitik, alle Güter jeweilig so billig verfrachten als mit den Selbstkosten verträglich ist.

Diese Würdigung der Bedeutung der Binnenwasserstraßen in der Gegenwart führt nicht dazu, daß man sich etwa für alle Kanalprojekte, auch wenn sie technisch und finanziell ungenügend vorbereitet sind, kritiklos begeistern muß. Aber diese Erkenntnis führt anderseits dazu, daß man nicht einem finanziell und technisch durchaus gesicherten Plane der Verbesserung der Binnenwasserstraßen deshalb feindlich gegenübertreten darf, weil man Angst vor dem Verkehre hat. Noch nie in der Geschichte ist Landwirtschaft und Gewerbe eines

---

1) Seitdem das dem Kohlensyndikat nahestehende Reedereiunternehmen die Kohlenreederei auf dem Rhein monopolisiert, verliert allerdings dieses Argument erheblich an Bedeutung. Vgl. Schriften d. Ver. f. Sozialpolitik. Bd. 102, S. 417, 132.

Volkes dadurch zugrunde gegangen, daß gute Verkehrswege durch das Land führten. Wohl aber ist der Rückgang vieler Völker nicht nur in Handel und Gewerbe, sondern auch in der Landwirtschaft dann eingetreten, wenn die großen Welthandelswege die betreffenden Länder seitab liegen ließen.

VI. Die preußischen Reformen der Binnenschiffahrt durch das Gesetz vom 1. April 1905, betreffend die Herstellung und den Ausbau der Wasserstraßen und das Reichsprojekt der Flußschiffahrtsabgaben von 1909.

Nachdem der ursprüngliche Plan der preußischen Regierung, Rhein und Elbe durch einen Mittellandkanal zu verbinden, am Widerstand des preußischen Landtags gescheitert war, ist endlich am 1. April 1905 ein Gesetz zustande gekommen, welches die Frage der Binnenschiffahrtstraßen in Preußen auf Grund von Kompromissen regeln soll. 334 575 000 Mk. sind bewilligt, um einen Kanal vom Rhein bis Hannover und Linden mit verschiedenen Ergänzungen, ferner einen Großschiffahrtsweg Berlin-Stettin, Verbesserungen der Wasserstraßen zwischen Oder und Weichsel, sowie der Warthe und endlich der Oder zu schaffen.

Es ist Vorsorge getroffen, daß die Benutzer der Schiffahrtskanäle Abgaben leisten und daß die beteiligten Provinzen und andere öffentliche Verbände sowie Bremen zu den Kosten der Verzinsung des Baukostenkapitals und des Betriebes, bzw. auch zu den Kosten der Tilgung des Baukapitals herangezogen werden, soweit die Kosten nicht durch Schiffahrtsabgaben genügend gedeckt sind.

Ein ziemlich weitgehendes Enteignungsrecht ist dem Staate garantiert.

Ein Wasserstraßenbeirat soll aus Regierungsvertretern sowie Vertretern der Interessenten und der Garantieverbände geschaffen werden.

Abgesehen von der Enttäuschung, welche der Umstand brachte, daß statt des Rhein-Elbe-Kanals ein „Kanaltorso" Rhein-Weser-Hannover geschaffen wurde, brachte das Gesetz zwei einschneidende Neuerungen im § 18 und § 19:

§ 18 lautet: „Auf dem Kanal vom Rhein zur Weser, auf dem Anschlusse nach Hannover und auf den Zweigkanälen dieser Schiffahrtstraßen ist einheitlicher staatlicher Schleppbetrieb einzurichten.

Privaten ist auf diesen Schiffahrtstraßen die mechanische Schlepperei untersagt. Zum Befahren dieser Schiffahrtstraßen durch Schiffe mit eigener Kraft bedarf es besonderer Genehmigung.

Die näheren Bestimmungen über die Einrichtung des Schlepp=monopols und die Bewilligung der erforderlichen Geldmittel werden einem besonderen Gesetze vorbehalten."

§ 19 lautet: „Auf den im Interesse der Schiffahrt regulierten Flüssen sind Schiffahrtabgaben zu erheben.

Die Abgaben sind so zu bemessen, daß ihr Ertrag eine angemessene Verzinsung und Tilgung derjenigen Aufwendungen ermöglicht, die der Staat zur Verbesserung oder Vertiefung jedes dieser Flüsse über das natürliche Maß hinaus im Interesse der Schiffahrt ge=macht hat.

Die Erhebung dieser Abgaben hat spätestens mit Inbetrieb=setzung des Rhein=Weser=Kanals oder eines Teiles desselben zu beginnen."

Es bleibt abzuwarten, ob bis zur Vollendung des Kanals die Er=gänzung bis zur Elbe geschaffen wird, ob ferner die Staatsverträge und Verfassungsbestimmungen abgeändert werden, welche bis jetzt die Erhebung von Schiffahrtsabgaben auf freien Strömen verbieten, ob endlich das staatliche Schleppmonopol auf dem Rhein=Hannover=Kanal wirklich durchgeführt wird. Werden in all diesen Beziehungen die Gedanken der Gesetzgeber von 1905 verwirklicht, so ist die größte Wahrscheinlichkeit gegeben, daß eine Frachtentwickelung, die irgendwie die Eisenbahntarifpolitik des preußischen Staates durchkreuzt, auf den Binnenschiffahrtstraßen unmöglich wird. Bleibt die staatliche Eisenbahntarifpolitik schutzzöllnerisch und syndikatsfreundlich, so findet sie dann keine wirksame Korrektur mehr durch irgendwelche Binnenwasserstraßen. Der schon seit Aufkommen der Reederei=unternehmung des Kohlensyndikats auf dem Gebiete der Rhein=schiffahrt beginnende Zug der Einschränkung der freien Konkurrenz im Binnenschiffahrtsbetrieb leitet eine Entwickelung ein, welche das preußische Binnenwasserstraßengesetz vielleicht noch befördert: die Binnenschiffahrt hört immer mehr auf, eine Korrektur gegenüber dem Eisenbahnmonopol zu bilden.

Gelegentlich der Beratung des Kanalgesetzes wurde in Anl. XIII zum Kommissionsbericht über die wasserwirtschaftliche Vorlage (Nr. 594 d. Druck. d. preuß. Abgeordnetenhauses 1904/05) folgendes mitgeteilt:

Übersicht der Abgabensätze, die auf den wichtigeren verbesserten natürlichen Flußläufen erhoben werden müßten, um außer Deckung der laufenden Unterhaltungs- und Betriebskosten eine 3½ prozentige Verzinsung und Tilgung der Anlagekosten zu erzielen:

1	2	3	4	5	6	7	8	9
Wasserstraßengebiet	Herstellungs- und Regulierungskosten (1866 bis einschl. 1897/98) unter Abzug von 50 Proz. des Aufwandes als nicht im Schiffahrtsinteresse erfolgt. Mk.	3½ prozentige Verzinsung und Tilgung der auf die Schiffahrt entfallenden Anlagekosten. Mk.	Unterhaltungs- und Betriebskosten für 1897/98. Mk.	Jährliche Gesamtausgabe. Mk.	Jahres-Einnahme von Verkehrsabgaben (für Benutzung von Sicherheitshäfen, Schiffbrücken u. dgl.) für 1897/98. Mk.	Also Mehrausgabe jährlich. Mk.	Es wurden geleistet. Millionen Tonnen-Kilometer	Zur Deckung der Mehrausgabe ist also von 1 tkm auf... aufzubringen. Pf.
1. Rhein	17 000 000	595 000	1 235 000	1 830 000	142 000	1 688 000	4045	0,04
2. Mosel	1 250 000	44 000	214 000	258 000	—	258 000	6	4,3
3. Weser abwärts bis Bremen	4 180 000	146 000	537 000	683 000	15 000	668 000	109	0,6
4. Elbe abwärts bis zur Seemündung . .	11 015 000	386 000	1 514 000	1 900 000	95 000	1 805 000	2475	0,07
5. Oder abwärts bis Schwedt ausschl. der Kanalstrecke . . .	11 790 000	413 000	1 560 000	1 973 000	125 000	1 848 000	751	0,2
6. Warthe	3 150 000	110 000	542 000	652 000	5 000	647 000	88	0,7
7. Weichsel und Nogat	10 990 000	385 000	1 991 000	2 376 000	37 000	2 339 000	175	1,3
8. Memel	6 310 000	221 000	312 000	533 000	—	533 000	112	0,5
Summen:	65 685 000	2 300 000	7 905 000	10 205 000	419 000	9 786 000	7761	0,13

Hierzu ist zu bemerken: Eine Durchführung des Grundsatzes, daß jeder Fluß seine Kosten selbständig trägt, würde zu so enormer Belastung des Verkehrs auf der Mosel, Weser, Weichsel, Memel und Warthe führen, daß die Schiffahrt dort zurückgehen und daher auch der Abgabenertrag enttäuschen müßte. Faßt man aber ein östliches und ein westliches Netz zusammen, so würde auch der Osten auf den bisher abgabenfreien Strömungen stark belastet sein. Die Kalkulation, daß frühere Aufwendungen nachträglich zu verzinsen und zu tilgen sind, widerstreitet aller Gerechtigkeit, wenn sie nicht auf alle Fälle verallgemeinert wird, in denen früher der Staat etwas à fonds perdu für Landwirte oder sonst eine Klasse aufgewendet hat. Der Standpunkt, daß die Schiffahrt die Lasten nicht wieder weiterwälzen würde, ist zum mindesten nicht begründet worden. Verkehrsaufwendungen, die verbilligend wirken, brauchen sich nicht im speziellen Entgelt, sondern können sich im steuerlichen Mehrerträgnis bezahlt machen. (Vgl. auch Verh. d. Ver. f. Sozialpolitik v. 25. September 1905.)

Seitdem hat sich die preußische Regierung angelegentlich bemüht, die Zustimmung der entscheidenden Faktoren und gewisser Interessengruppen zur Abänderung der Verfassung und der Schiffahrtsverträge im Sinne der Abgabenpflicht der Binnenschiffahrt auf deutschen natürlichen Wasserstraßen zu erlangen. Die Entscheidung ist im Februar 1910 im Reichstage noch nicht gefallen. Dem Bundesrate wurde ein Entwurf eines Schiffahrtsabgabengesetzes als preußischer Antrag vorgelegt. Dieser ist am 13. März 1909 im Reichsanzeiger veröffentlicht worden. Der Gedanke, die Verfassung zugunsten von Flußabgaben zu interpretieren, ist fallen gelassen und eine Verfassungsänderung vorgeschlagen. Der Gedanke, Kosten von solchen Stromverbesserungen, die vor 1. April 1905 vollendet waren, durch Abgaben zu decken, ist gleichfalls aufgegeben. Für jedes Stromgebiet, welches mehrere Staaten berührt, soll künftig ein Zweckverband die Abgaben festsetzen und die Verbesserungen am Hauptstrom und den Zuflüssen anordnen. Der Ertrag der Abgaben soll die Gesamtkosten für ein Stromgebiet mit Zuflüssen decken. Vom wirtschaftlichen wie vom staatsrechtlichen Standpunkte haben Sachsen und Baden, denen sich Hessen anschloß, in einer Denkschrift gegen den von Preußen vertretenen Gesetzentwurf die ernstesten Bedenken erhoben. Staatsrechtlich ist sehr bemerkenswert, daß Einzelstaaten vom Bundesrate verpflichtet werden können, einem Zweckverbande beizutreten und Stromverbesserungen zu dulden oder nach ihrer Wahl vorzunehmen, ferner daß die Festsetzung der Tarifsätze nicht unter Mitwirkung der gesetzgebenden Faktoren, sondern durch die in den Zweckverbänden vereinigten Regierungen, eventuell durch den Bundesrat erfolgen soll. Muß auch der Gegner des Entwurfs anerkennen, daß das Ziel der Einführung von Flußschiffahrtsabgaben darin in großzügiger Weise angestrebt wird, so ist ebenso sicher, daß dabei in die Selbständigkeit der Einzelstaaten und in die Kompetenz der Parlamente fast noch energischer eingegriffen würde, als es seinerzeit bei Durchführung des Reichseisenbahngedankens geschehen wäre. Im Bundesrate ist die für Verfassungsänderungen erforderliche qualifizierte Stimmenmehrheit zum Durchdringen des Entwurfes nötig. Wurde früher das Argument der Abwehr vom Wettbewerb gegenüber den Eisenbahnen und der Abwehr billiger Getreideeinfuhr für die Flußabgaben geltend gemacht, so wird neuerdings mehr betont, daß Flußabgaben die Mittel für Schiffahrtsverbesserungen liefern könnten, und ein Programm für diesen Fall entworfen. So gelang es, die Binnenschiffahrtsinteressenten in zwei Lager zu spalten: die jetzt mit Abgaben Belasteten werden gegen die jetzt die Abgabenfreiheit Genießenden ausgespielt. Auffällig ist, daß man in abgabenfreundlichen Kreisen nicht an eine gesetzliche, sondern an eine den Beamten unter Mitwirkung von Verkehrsinteressenten zu überlassende Regelung der Einzelheiten bezüglich der Höhe der Abgabensätze denkt. Vielfach wird angenommen, daß Fehlgriffe leichter vermieden und — wenn bemerkt — leichter verbessert werden können, wenn die Regierungen und nicht auch die Parlamente die Höhe der Belastung festsetzen. Unklar ist in dem Entwurfe, wie in den Zweckverbänden abgestimmt werden soll und ob die Interessenten ein Stimmrecht erhalten. Die Abgabensätze sollen trotz des proklamierten Gebührenprinzips nicht für alle Güter gleichheitlich sein, sondern z. B. Getreide höher als Kohle belasten. Jedenfalls bleibt der Binnenschiffahrt der nicht immer gegen Überlastung einzelner Artikel sichernde Trost, daß die Verwaltung interessiert sein würde, die Gebühren nicht so hoch zu bemessen, daß die Binnenschiffahrt und damit der Finanzertrag geschädigt wird. Der ganze Vorgang bei der Abgabenfrage gibt zum Nachdenken über mancherlei prinzipielle Fragen Anlaß.

Sechster Vortrag.

Wirkungen der modernen Verkehrsmittel zu Waſſer und zu Lande auf die deutſche Volkswirtſchaft.

Literatur zu Vortrag 6.

Vgl. die zu Vortrag 1 unter A, ſowie die zu Vortrag 2 aufgeführte Literatur, ferner:

Weber, Adna Ferrin, The growth of cities in the nineteenth century. A Study in statistics. New York and London 1899.

Cooley, Charles H., The Theory of Transportation. Baltimore 1894.

HWB., Artikel „Forſten"; „Transport".

Die Seeintereſſen des Deutſchen Reichs. Zuſammengeſtellt auf Veranlaſſung des Reichsmarineamts. Berlin 1898. — Die Steigerung der deutſchen Seeintereſſen von 1896 bis 1898. Berlin 1900.

Zimmermann, F. W., Einflüſſe des Lebensraums auf die Geſtaltung der Bevölkerungsverhältniſſe im Herzogtum Braunſchweig, in Schmollers Jahrb. f. Geſ., Verw. u. Volksw. 1897. S. 489 ff.

Vgl. auch die bei Sax, a. a. O., Bd. II, S. 18 ff. angeführte Literatur.

Philippovich, Eugen von, Die wiſſenſchaftliche Behandlung des Transportweſens. (Zeitſchrift f. Volkswirtſchaft, Sozialpolitik u. Verwaltung. Wien, Bd. 14.)

Böhmert, Wilhelm, Die Hamburg-Amerika-Linie und der Norddeutſche Lloyd. Berlin 1909.

I. Fortſchritte im Verkehrsweſen des 19. Jahrhunderts auf anderen Gebieten als dem Eiſenbahnweſen und der Binnenſchiffahrt.

Ausgangspunkt dieſer Betrachtungen war die Schilderung des Zuſtandes, in welchem die Verkehrsmittel um 1800 ſich befanden. Im einzelnen wurden dann die Entwickelung der Eiſenbahnen und die Fortſchritte auf dem Gebiete des Verkehrs auf den Binnenwaſſerſtraßen dargeſtellt. Damit iſt nur einiges von den Veränderungen der Verkehrsmittel ſeit 1800 geſchildert. Will man die Geſamtwirkungen des Umſchwunges der Verkehrsmittel würdigen, ſo muß man ſich vergegenwärtigen, daß noch andere ſehr wichtige Verkehrsfortſchritte zuſammenwirkend mit den bisher betrachteten ſeit 1800 Einfluß geübt haben.

Zunächst findet das Eisenbahnwesen in seiner fördernden Wirkung für den Verkehr zu Lande eine notwendige Ergänzung durch den Ausbau eines Netzes von Nebenstraßen[1]), durch Brückenbauten für den Straßenverkehr, ferner dadurch, daß der Straßen= und Brücken=verkehr im 19. Jahrhundert in den meisten Ländern von Abgaben befreit wird und technisch sich vervollkommnet. Es ist sehr irrig zu glauben, daß gute Straßen seit dem Aufkommen der Eisenbahnen weniger wichtig geworden seien. Die Nebenstraßen, welche abseits-liegende Ortschaften mit Bahnstationen verbinden, erleben nunmehr einen sehr beträchtlichen Verkehr. Die französische Regierung hat 1888 eine Abschätzung des Verkehrs sowohl auf den Landstraßen, wie auf Eisenbahnen vornehmen lassen: danach standen den 10 409 Millionen tkm Nutzlast, die auf Eisenbahnen befördert wurden, nicht weniger als 6000 Millionen tkm jährlicher Landstraßen-verkehr gegenüber.[2])

Im übrigen findet der Landverkehr im 19. Jahrhundert eine weitere Förderung dadurch, daß auf Schienenwegen auf der Straße sich in den Städten und im Umkreise der Städte Pferdebahnen und elektrische Trambahnen, in ländlichen Gegenden Bahnen untergeordneter Bedeutung[3]) entwickeln. Die Straßen der Städte und des Landes werden nächst dem Verkehre der von Pferden gezogenen Wagen dem der Kraftwagen und Velozipede dienstbar gemacht. Auch der Zugang zu den Gebirgshöhen wird durch Zahnrad= und Drahtseil-bahnen erschlossen.

---

1) Für den Unterhalt der französischen Vizinalstraßen, die 1885 auf 433 416 km ausgebaut waren, werden jährlich 125—130 Mill. Franken verwendet. Die Unentgeltlichkeit der Straßenbenutzung wurde 1793 in Frankreich im Prinzip beschlossen, seit 1810 ist dies Prinzip durchgeführt. In England finden sich heute noch Reste von Straßenabgaben, vereinzelt auch in Deutschland. Vgl. L. Say, Diction-naire des finances Bd. I, S. 1056, und Cauwès IV, S. 40, 41. Über die Anregungen, die Napoleon I. im militärischen Interesse dem Straßenbau und anderen Verkehrsmitteln gab, vgl. H. Giehrl, Die Verkehrsmittel Napoleons I. (Militär=Wochenblatt, Berlin 1909, Nr. 30 ff.).

2) Vgl. Cauwès IV, S. 48, und Annuaire statistique de la France 1891, S. 502/03.

3) Nach dem Statist. Jahrbuch f. d. Deutsche Reich 1909, S. 117, besaß Deutschland Ende 1907:

    2100 km schmalspurige Eisenbahnen,
    8991,9 - nebenbahnähnliche Kleinbahnen,
    3719,2 - Straßenbahnen.

Im Nachrichtenverkehr hat das 19. Jahrhundert große Umwälzungen durch Verbilligung und Vereinfachung des Brief- und Drucksachenportos[1]) erlebt. Hierzu trat eine große Verbilligung des Paketbeförderungs- und Geldzahlungsdienstes der Post, während die Bedeutung der Personenbeförderung durch die Post fortwährend zurücktritt. Der elektrische Telegraph, der an Stelle des optischen Telegraphen sich seit Ende der dreißiger Jahre verbreitet, ermöglicht heute über Land und über See[2]) schleunigste Nachrichtenvermittlung. Seit 1877 verbreitet sich auch die Anwendung des Telephons[3]), seit Ende des 19. Jahrhunderts die drahtlose Telegraphie.

In der Seeschiffahrt bringt das 19. Jahrhundert die Anwendung des Dampfes zuerst für die Schaufelraddampfer[4]), dann für die Schraubendampfer. In neuester Zeit bringt die Verwendung von Dampfturbinen an Stelle der Kolbenmaschinen beim Schiffsbau vor. Seit 1840 entstehen regelmäßige Ozeandampferverbindungen, zunächst zwischen England und Amerika. 1847 wird die Hamburg-Amerikanische Paketfahrt-Gesellschaft — anfänglich mit Segelschiffen betrieben — mit 465 000 Mark Kapital begründet. Diese Gesellschaft sollte sich zur gewaltigsten Dampfschiffahrtsunternehmung der Welt entwickeln. 1857 wird in Bremen, schon 1858 mit Dampfern ausgerüstet, der Norddeutsche Lloyd begründet.[5]) Weitere Fortschritte bringt die Ersetzung hölzerner

---

1) 1840 wurde auf Betreiben von R. Hill in England das Einheitsporto von 1 Penny, 1868 im Norddeutschen Bunde das Einheitsporto von 10 Pfennigen für den einfachen Brief eingeführt. Seit 1874 der Weltpostverein begründet wurde, verbreitete sich im Weltverkehr das Einheitsporto von 20 Pfennigen. Vgl. HWB., 2. Aufl., VI, S. 140. — Über Einheitsporto im 18. Jahrhundert in Österreich vgl. Sax I, S. 354, 355.

2) 1851 gelang es, das Kabel zwischen Dover und Calais zu legen. Vgl. HWB., 2. Aufl., VII, S. 62.

3) Der Fernsprecher wurde von dem Deutschen Phil. Reis (1834 bis 1879) ersonnen, von dem Amerikaner Bell verbessert. Vgl. HWB., 2. Aufl., VII, S. 62.

4) 1807 richtete Fulton die erste regelmäßige Dampfschiffahrt auf dem Hudson-Strom zwischen New York und Albany ein. Vgl. Schäfer S. 39. Der erste Versuch transatlantischer Dampfschiffahrt (zwischen Amerika und England) wurde 1819 unternommen. Die Verwendung der Schraubendampfer verbreitete sich seit 1836.

5) Vgl. die Broschüre: Die Seeinteressen des Deutschen Reichs. Zusammengestellt auf Veranlassung des Reichsmarineamts. Berlin 1898. Ferner K. Thieß, Deutsche Schiffahrt und Schiffahrtspolitik der Gegenwart. Leipzig 1907. S. 38. Vgl. auch Böhmert, a. a. O.

Schiffe durch eiserne, die Vervollkommnung auch des Segelschiff-
baues, die Einführung von Dampfern mit mehreren Schrauben.
Hand in Hand mit diesen Fortschritten entwickelt sich die Sicherung
und der Ausbau der Häfen, die Küstenbeleuchtung und Betonnung,
die Befreiung von lästigen Seezöllen, insbesondere dem Sundzoll.
In der Abkürzung des Seewegs durch den Suezkanal ist ein Vor-
bild gegeben, dem anderwärts nachgeeifert wird. Dem 20. Jahrhundert bleibt es vorbehalten, den Seeweg vom Atlantischen zum
Stillen Ozean mittels Durchquerung Zentralamerikas abzukürzen
und die Fahrzeuge der Luftschiffahrt, seitdem die Technik das
Problem des Fliegers und des lenkbaren Luftschiffes gelöst hat, den
wirtschaftlichen Bedürfnissen eines geregelten Massenverkehrs dienstbar zu machen.

II. Allgemeine Wirkungen des Verkehrsumschwungs.

Man unterscheidet unter den allgemeinen Wirkungen der modernen
Verkehrsmittel insbesondere vier.

1. Die Verbilligung des Verkehrs.

Es wird angenommen, daß die Frachtpreise im Landverkehr
dadurch, daß die Eisenbahnen Straßenfuhrwerk ersetzten, auf ein
Zehntel bis ein Viertel, in manchen Fällen auf ein Zwanzigstel
der Achsfracht sich verbilligt haben. Die Verbilligung der Personenbeförderung durch das Eisenbahnwesen beträgt nach Sax jedenfalls
50 Proz. Berücksichtigt man die Ersparnis an Zehrung und Quartier,
durch beschleunigte Beförderung, so ist die Verbilligung des Personen-
transports erheblich größer. Im allgemeinen zeigen die Eisenbahntarife im Güter- und Personenverkehr eine Entwickelung zu allmählicher weiterer Verbilligung.[1] In Staatsbahnländern sind sie
weniger häufigen Schwankungen unterworfen als in solchen
Privatbahnländern, in denen eine wirksame Staatsaufsicht über
das Eisenbahnwesen nicht besteht. Viel heftiger sind die Schwankungen der See- und Flußfrachten allenthalben. Durchweg ist

1) Die durchschnittliche Einnahme pro Tonnenkilometer betrug
in Deutschland:
1868 6,2 Pf.   1885 4,07 Pf.   1907 3,64 Pf.
Die durchschnittliche Einnahme pro Personenkilometer betrug:
1885 3,33 Pf.   1907 2,42 Pf.
Siehe Statistik des Reichseisenbahnamts.

die Wasserfracht, besonders in der Seeschiffahrt, für lange Strecken erheblich niedriger als die Eisenbahnfracht. Die Frachten der Segelschiffe pflegen wiederum wohlfeiler als die der Dampfer zu sein.

Waren bis 1800 insbesondere die Rohprodukte und Halbfabrikate nur da auf weite Entfernungen transportfähig, wo das Meer oder Binnenwasserstraßen zur Verfügung standen, so wird nunmehr durch die Eisenbahn die Versendung von Rohstoffen und Halbfabrikaten auf riesige Entfernungen auch auf dem Landwege ermöglicht.

Zunächst kann man bei den Kohlenfrachten die Wirkungen der modernen Transportmittel bequem verfolgen. Mitte der dreißiger Jahre berechnete man für Kohlen zwischen Düsseldorf und Elberfeld die Achsfracht auf 40 Pfennige pro Tonnenkilometer.[1]) Heute beträgt nach dem Rohstofftarif der Streckensatz für Steinkohlen ab deutschen Produktionsstätten — zeitweilig auch allgemein — bis zu 350 km 2,2 Pf., wozu von 351 km an für jedes weitere Tonnenkilometer 1,4 Pf. hinzutritt. Zu diesem Streckensatz ist noch eine einmalige Abfertigungsgebühr von meist 70 Pf. pro 1000 kg hinzuzufügen. Nach Ausnahmetarifen wird Kohle — allerdings zumeist nur beim Export — in Preußen zu Streckensätzen von 1,3 und etwas darunter gefahren.[2]) Auf dem Rhein begegnen ausnahmsweise Schiffahrtsfrachten von 0,3 Pf. pro Tonnenkilometer für Kohlentransporte auf große Entfernungen, durchschnittlich 0,53 Pf. Man rechnet, daß 1880 bis 1900 die Frachten der Binnenschiffahrt in Deutschland sich etwa um 50 Proz. ermäßigt haben. In den Vereinigten Staaten gehen die Frachtsätze für Rohstoffe auf 0,64 Pf., für Fertigfabrikate auf 1,2 Pf. auf der Eisenbahn herunter, die Fracht auf den Binnenseen soll im

---

1) Vgl. von der Borght, S. 293. Die Achsfracht war also fast doppelt so hoch, als selbst die Eilgutfracht auf nahe Entfernungen in der Gegenwart.

2) Nach Sympher, Die volkswirtschaftliche Bedeutung des Rhein-Elbe-Kanals, Anlage 11, S. 2, war vor 1900 der billigste Streckensatz für Kohlen und Koks derjenige des Ausfuhrtarifs von Westfalen nach Emden (1,29 Pf. pro Tonnenkilometer). 1904 begegnet 0,8 ohne Abfertigungsgebühr für Seeschiff von nordwestdeutschen Küstenplätzen, 1,05 + 3 für Salz zur Ausfuhr über Myslowitz, 1,23 + 6 und 0,5 Zechenfracht für Kohlenausfuhr aus Westfalen nach Emshäfen; 1,5 mit Anstoß von 1,1 über 50 km + 3 für rohe Steine begegnet 1908/09.

Durchschnitt gegen 0,34 Pf. betragen.[1]) Und doch ist trotz aller Verbilligungen die Eisenbahn bei Transport der Kohle relativ schnell der Grenze nahe, bei welcher die Transportkosten den Wert des Frachtgutes aufzehren. Die deutsche Kohle vermag auf dem Landwege in Italien, trotz aller Frachtbegünstigungen, gegenüber der britischen nur in der Nähe der Endpunkte der Gotthardbahn sich zu behaupten. 1898 bezog Italien von Großbritannien 4,5, von Deutschland 0,098 Millionen t Kohlen.[2])

Je wertvoller im Vergleich mit Kohlen andere Frachtgüter sind, um so besser wurden sie natürlich durch die Eisenbahnen transportfähig. Wenn sich die Frachten für Roheisen von 40 Pf. Achsfracht pro Tonnenkilometer auf 2,2 Pf. (Spezialtarif III) und 1,2 Pf. (billigster Ausnahmefrachtsatz)[3]) pro Tonnenkilometer verbilligt haben, so wurde die Versendungsfähigkeit dieses Massengutes auf das lebhafteste gesteigert.

Nächst Kohle und Eisen sind es Getreide, Erze und Steine, auf deren Transportfähigkeit die Verbilligung der Frachten auch im Landtransport seit Aufkommen der Eisenbahnen den allergrößten Einfluß übte. Die Verbilligung der Frachten für Steine war die Voraussetzung segensreicher Fortschritte in der Verbesserung des Straßenbaues in steinarmen Niederungen. Um ein Bild von den Wirkungen der modernen Verkehrsmittel auf die Getreidefrachten zu gewinnen, vergegenwärtige man sich, daß von Chicago bis Liverpool ausschließlich der Umladungs- und Verschiffungskosten in New York von 1873/75 bis 1891/94 die Fracht für 1000 kg Weizen sich folgendermaßen verbilligt hat: Wird von Chicago bis New York die Eisenbahn und von da ab ein Seedampfer benutzt, so beträgt die Verbilligung innerhalb 20 Jahren 44,86 Mk., d. h. die Fracht ist von 74,83 auf 29,97 Mk. gefallen. Wird auch von Chicago bis New York der Wasserweg benutzt, so zeigt sich eine Verbilligung innerhalb 20 Jahren um 37,41 Mk.,

---

1) Vgl. Sympher in der Zeitschrift für Binnenschiffahrt 1900, S. 306, 308 und Schwabe in „Der Niederrhein", Nr. 23 v. 4. Juni 1903.
2) Vgl. Heubach in Bd. 89 d. Schriften d. Ver. f. Sozialpolitik, S. 431 und H. Rüegg in Schmollers Jahrb. 1892, S. 217.
3) Nach der Übersicht der preußischen Ausnahmetarife von 1904 kommt dieser niedrigste Streckensatz (zu welchem 60 Pf. Abfertigungsgebühr pro t tritt) dann zur Anwendung, wenn auf Entfernungen über 400 km Eisen und Stahl des Spezialtarifs II oder Roheisen nach binnenländischen Werftstationen oder nach oder von Seehäfen Deutschlands — insbesondere zum Schiffsbau oder zur Ausfuhr — versendet wird.

die Fracht betrug 1873/75: 55,44 Mk., 1891/94: 18,03 Mk.[1]) Die Wirkung, welche die Eröffnung des Suezkanals auf die Getreidefracht von Indien nach Europa ausübt, läßt sich nicht völlig erschöpfend verfolgen, da die Frachten vor 1869 nicht bekannt sind. Immerhin ist seit Bestehen des Suezkanals, der eine Abkürzung des Seeweges bis um 13 000 Seemeilen gebracht hat, ein Sinken allein der Seefracht für Reis und Weizen per Dampfer von Kalkutta nach England, um 52,08 Proz. zwischen 1870 und 1885 nachweisbar.[2]) Seit dem Ausbau der Eisenbahnen in Indien hat sich die Gesamtfracht zu Lande und zu Wasser von den indischen Weizendistrikten bis England folgendermaßen verbilligt: die Fracht betrug im Jahre 1873 pro Quarter Weizen 22 sh 8 d; im Jahre 1887 dagegen 9 sh 5 d.[3])

---

1) Bewegung der Getreidefrachten. (Nach einer Mitteilung in Conrads Jahrb. für Nat. und Stat. III. Folge. 11. Bd., 1896, S. 868.)

Jahre	Durchschnittliche Kosten der Beförderung von Weizen			Durchschnittliche Preise für Weizen aus den Vereinigten Staaten von Amerika in Hamburg ohne Zoll
	Im Dampfschiff von New York nach Liverpool	Von Chicago nach Liverpool*) bei Benutzung des Dampfschiffes von New York nach Liverpool und der		
		Wasserstraße	Eisenbahn	
		von Chicago nach New York		
	Mark für 1000 kg			Mark für 1000 kg
1873—75	30,68	55,44	74,83	244,20
1876—80	22,69	40,82	50,93	211,90
1881—85	12,24	24,87	34,60	189,40
1886—90	9,60	22,00	33,02	149,70
1891—94	—	18,03	29,97	152,00
1891—95	7,90	—	—	149,80
1891—94 gegen 1873—75	—	—37,41	—44,86	—92,20
1891—95 gegen 1873—75	—22,78	—	—	—94,40

*) Ausschließlich der Umladungs- und Verschiffungskosten in New York.

2) Vgl. K. Ellstätter, Indiens Silberwährung. Stuttgart 1894. S. 30.

3) Vgl. Ellstätter, a. a. O., S. 45 (1 Quarter = 290,789 l). Rechnet man 100 l = 76,80 kg, so ist ein Quarter Weizen ungefähr = 223,3 kg.

Beschleunigung.

Der Transport von Gütern mit dem Landfuhrwerk auf eine Entfernung von einigen hundert Kilometern konnte je nach dem Wetter und dem Zustand der Wege im Anfang des 19. Jahrhunderts mehrere Monate dauern. Die Personenbeförderung dagegen war Anfang des 19. Jahrhunderts durch die Eilposten bereits zu ziemlicher Schnelligkeit, in England bis zu 15—16 km pro Stunde[1]) gebracht. Die Eisenbahnen ermöglichten bereits um 1830 eine Beförderung mit einer Geschwindigkeit von 30 km pro Stunde. Wetter und Jahreszeit sind gleichgültig. Daher ergibt sich außer der größeren Beschleunigung auch eine weit größere Regelmäßigkeit und Pünktlichkeit des Beförderungsdienstes. Gegenwärtig sind die höchsten zulässigen Geschwindigkeiten der Eisenbahnen in Deutschland[2]) für Güterzüge 45 km, in besonderen Fällen bis 60 km; für Personenzüge ohne durchgehende Bremse 60 km, für Personenzüge mit durchgehender Bremse 100 km, unter besonders günstigen Umständen mit Genehmigung der Aufsichtsbehörde auch mehr. Die wirklichen Reisegeschwindigkeiten erreichen jedoch diese zulässigen Höchstsätze durchaus nicht überall. Die eben erwähnten Höchstsätze nämlich setzen Bahnlinien ohne Krümmungen und ohne Gefälle voraus. Für Krümmungen und Gefälle finden Einschränkungen dieser Höchstsätze statt.[3]) Die Reisegeschwindigkeit, d. h. die nach dem Fahrplan erforderliche Zeit, um die wirkliche kilometrische Entfernung zwischen zwei Endpunkten zurückzulegen, deckt sich nicht mit dem, was eisenbahntechnisch als sogenannte Grundgeschwindigkeit berechnet wird. Die Reisegeschwindigkeiten erreichen in dem gebirgigen Süddeutschland bei Personenzügen oft nicht viel über 30 km, bei Schnellzügen 50—70 km, selbst wenn man die Zeit-

---

1) In Frankreich begnügte man sich mit 8—10 km. Vgl. Sax II, S. 6. Nach Catalogue général officiel de l'Exposition de 1900, Groupe VI cl. 30, p. 2 leisteten die französischen Schnellposten Anfang des 19. Jahrhunderts 10—12, ausnahmsweise 16 km pro Stunde.
2) Vgl. Eisenbahnbau- und Betriebsordnung vom 4. November 1904 (Reichsgesetzblatt von 1904, S. 387ff.).
3) Seit 1904 ist die größte überhaupt zulässige Geschwindigkeit beim Herabfahren von Gefällstrecken von 25 %/₀₀ (1 : 40) 55 km per Stunde und steigt bei 3 %/₀₀ (1 : 333) auf 120 km. Beim Durchfahren von Krümmungen mit einem Halbmesser von 180 m ist die größte zulässige Geschwindigkeit mit 45 km in der Stunde, bei 1300 m Halbmesser mit 120 km bemessen.

verluste durch längeren Aufenthalt an Zwischenstationen abrechnet. Immerhin zeigt sich im Norden und Süden ein Wettstreit in der Schaffung besonders schneller Züge. Im Sommer 1905 wurden in Deutschland 35 Züge mit 80 km und mehr Durchschnittsreisegeschwindigkeit pro Stunde, 75 Züge mit 75,1—79,6 km, 132 Züge mit 70—74,8 km pro Stunde gefahren. Vereinzelt durchfahren die schnellsten Züge 198,7—253,8 km ohne Anhalten. 150 Züge durchfahren ohne Anhalten Strecken von 100 km und mehr.[1] Technisch erreichbar sind bei besonders günstigen Verhältnissen Geschwindigkeiten bis 120 km, auch mehr, mit Dampflokomotiven; mit elektrischen Vollbahnen hofft man bis zu 200 km die Geschwindigkeit steigern zu können.[2] Die Dampfschiffe, selbst die ausgezeichnetsten Ozeandampfer, erreichen die Geschwindigkeit der Eisenbahnschnellzüge nicht. Es ist bereits eine sehr beträchtliche Leistung, wenn auch nicht das höchste Erreichte, daß ein Ozeandampfer auf längerer Fahrt stündlich im Durchschnitt 21 Seemeilen à 1825 m, also rund 39 km zurücklegt. 24—25 Seemeilen (44—46 km) Durchschnittsgeschwindigkeit ist eine Ausnahmeleistung. Gewöhnliche Ozeandampfer und Flußdampfer[3] fahren erheblich langsamer, vollends die Segler im Durchschnitt bei längeren Reisen. Wegen der geringeren regelmäßigen Schnelligkeit werden in der Praxis 3—4 Segelschiffe von 10 000 Register-Tons in der jährlichen Leistungsfähigkeit einem Dampfer von derselben Größe gleich geschätzt.[4] Erst die Dampfschiffahrt in Verbindung mit dem telegraphischen Nachrichtendienst hat eine solche Regelmäßigkeit im transatlantischen Verkehr ermöglicht, daß die Abschlüsse auf die Zukunft, Lieferungs- und Termingeschäfte, zur wichtigsten Grundlage des heutigen Welthandels werden konnten.

Im allgemeinen ist klar, daß die Dampfer der Binnenschiffahrt mit den Schnellzügen der Eisenbahnen in Geschwindigkeit noch viel weniger konkurrieren können als die Ozeandampfer. Trotzdem gelingt es der Rührigkeit der Binnenschiffahrtsunternehmungen da, wo die

---

1) Vgl. Zeitung d. Ver. deutscher Eisenbahnverwaltungen vom 1. Juli 1905.

2) Vgl. ebendaselbst die Nummer vom 7. Mai 1905.

3) Für Schiffszüge in Kanälen gilt die Geschwindigkeit von 4 bis 5 km per Stunde für erstrebenswert, während auf natürlichen Wasserstraßen, soweit die Gefahr der Uferbeschädigung durch Wasseranprall bei großen Geschwindigkeiten nicht vorhanden ist, sehr viel schneller gefahren wird.

4) Vgl. „Die Seeinteressen des Deutschen Reiches" IV, 1, 2.

Eisenbahnen im Frachtverkehr nicht das Höchste leisten, was sie technisch an Schnelligkeit leisten könnten, mit der Bahn nicht nur durch Billigkeit, sondern auch durch Schnelligkeit zu konkurrieren. Regelmäßige Frachtdampfer legen auf dem Rhein pro Tag in der Bergfahrt 180 km (10 km stündlich), in der Talfahrt 200 km pro Tag (15 km stündlich) zurück. Besondere Güterdampfboote, welche mehrmals wöchentlich zwischen Köln und Mannheim verkehren und diese Strecke (260 km) zu Tal in 12 Stunden (22 km pro Stunde), zu Berg in 30 Stunden (8,5 km pro Stunde) zurücklegen, konkurrierten erfolgreich mit der Eisenbahn, da ihre Leistungen die Geschwindigkeit des Eisenbahnfrachtverkehrs übertrafen und die des Eilgüterverkehrs erreichten.[1]

3. Massenhaftigkeit.

Dieselbe Zugkraft eines Pferdes vermag nach den Untersuchungen des verstorbenen Professors Schlichting mit der Geschwindigkeit von 1 m pro Sekunde auf wagerechter Chaussee 1,6 t zu 1000 kg, auf glattem Schienenweg 15 t, auf horizontaler Wasserfläche (ohne Strömung) 60—100 t zu befördern.[2] Diese Ziffern veranschaulichen, welche Massenhaftigkeit des Transports bei Anwendung ein und derselben Zugkraft auf Eisenbahnen und vollends im Schiffahrtsverkehr gegenüber dem Landstraßenverkehr erreichbar ist. Dabei ist natürlich eine weitgehende Vergrößerung der Zugkraft seit Anwendung des Dampfes im Eisenbahnwesen und in der Schiffahrt viel leichter wie bei der Verwendung tierischer Zugkräfte, auf die der Straßenverkehr angewiesen war.[3] Im Bau der Güterwagen zeigt sich das Streben nach Massenhaftigkeit zunächst darin, daß man statt der Wagen von 3—6 t Tragfähigkeit, die beim ersten Aufkommen der Eisenbahnen verwendet wurden, regelmäßig solche von 10 t erbaute. Seitdem werden in Deutschland auch sehr viele Güterwagen von 12½—15 t, hie und da auch von 20 t und darüber ver-

---

1) Vgl. Schwabe, S. 15 und W. Nasse in Bd. 102 b. Schr. d. Ver. f. Sozialpolitik, S. 143.

2) Vgl. HWB. III, S. 1.

3) Auch beim Straßenverkehr ist übrigens die Beschaffenheit der Straße für das, was bei Anwendung einer bestimmten Zugkraft geleistet werden kann, durchaus nicht gleichgültig. In Frankreich hat man die Ersparnis an Zugkraft, welche seit der Anwendung der Macadamisierung, d. h. des nach dem Schotten Mac Adam benannten Straßenbausystems, erzielt wurde, auf 10 cts pro Tonnenkilometer geschätzt. Vgl. Cauwès IV, S. 49.

wendet. In Amerika ist man schon viel weiter gegangen. Dort ist man bis zum Doppelwaggon von 20 t fortgeschritten und benutzt sogar Wagen[1]) bis 45 t. Viel weiter als im Eisenbahnwagenbau geht das Streben nach Massenhaftigkeit im Schiffsbau, bei den Rheinschiffen und vollends bei den Seedampfern.[2]) Am anschaulichsten dürfte die Massenhaftigkeit des modernen Verkehrs im Gegensatz zur Vergangenheit durch folgende Berechnung bei A. Schulte, Geschichte des mittelalterlichen Handels und Verkehrs zwischen Westdeutschland und Italien, Bd. I, Leipzig 1900, S. 722, dargetan werden: Im Mittelalter passierten jährlich 12 500 dz Güter den Gotthard. 1889 bewältigte die Gotthardbahn einen Durchgangsverkehr (ausschließlich des schweizerischen) von 2 964 910 dz. „Den Gotthardtunnel passieren . . . heute in einer Woche so viel Gütermassen wie 1840 in einem Jahre (scil. die Paßstraße passierten), und vermutlich würden heute zwei Güterzüge fast die ganze Summe des mittelalterlichen Jahresverkehrs dieses Passes befördern können."

4. Sicherheit.

In Zeiten, da viele Eisenbahnunglücksfälle gemeldet werden, pflegt man öfters die Behauptung zu hören, die modernen Verkehrs-

---

1) Vgl. Zeitg. d. Ver. deutscher Eisenbahnverwaltungen v. 31. Mai 1905. Daselbst ist berechnet, daß das Verhältnis der Nutzlast zum Gesamtgewicht des Wagens sich folgendermaßen stellt, vorausgesetzt, daß der Oberbau die Verwendung größter Wagen gestattet:

bei 9 t Ladefähigkeit 49,37 Proz. Nutzlast
= 18 t = 62,48 = =
= 36 t = 70,73 = =

2) Das größte vorhandene Rheinschiff konnte 1879 rund 800 t, 1896 rund 2070 t laden. Vgl. Schwabe, S. 14. 1902 hatten von 8391 Segelbooten und Schleppkähnen auf dem Rhein 554 eine Tragfähigkeit bis 2350 t. Vgl. Bd. 102 d. Schr. d. Ver. f. Sozialpolitik, S. 89. Von den deutschen Seeschiffen hatten anfangs 1898: das größte Segelschiff (oder Schleppschiff?) netto 3854, die 18 größten Dampfer netto durchschnittlich 4586 Registertonnen. Die Registertonne = 2,83 cbm Hohlraum ist bei Seglern etwa 1500, bei Dampfschiffen 1500—1750 kg, soweit es sich um schwere Massengüter handelt, gleichzuschätzen. — In Registertonnen brutto gemessen waren am 1. Januar 1909 die Dimensionen der größten deutschen Kauffahrteischiffe jeder einzelnen Kategorie:

1 Segelschiff zu . . . 5 548 Brutto-Reg.-Tonnen,
1 Schleppschiff zu . . 4 224 =
8 Dampfschiffe je zu . 15 000 = und darüber.

Vgl. Stat. Jahrb. f. d. Deutsche Reich 1909, S. 138.

mittel brächten eine besonders große Gefährdung für Leib und Leben der Reisenden. Und doch zeigen die Untersuchungen, die in Frankreich über die Unglücksfälle vor und nach Einführung der Eisenbahnen angestellt worden sind, daß von einer Million Reisenden (nicht mitgerechnet sind die Bediensteten) auf Postkutschen 14 mal mehr getötet, 20 mal mehr verwundet wurden als auf Eisenbahnen.[1]) In den Sätzen der Versicherungsanstalten gegenüber Transportgefahr kommt zum Ausdruck, daß die Sicherheit des Eisenbahnverkehrs als sehr groß erachtet wird. Am teuersten ist die Seeversicherung, etwas wohlfeiler die Flußschiffahrtsversicherung, aber auch diese immer noch teurer als die Eisenbahnversicherung.[2]) Im Durchschnitt der Jahre 1888—97 entfielen in Deutschland auf 1 Mill. Pkm — wenn man die Bahnbediensteten nicht einrechnet — 0,01 bis höchstens 0,04 getötete und verletzte Reisende. Für die Vergleichung verschiedener Länder ist es möglich festzustellen, wie viel auf je eine Million beförderte Reisende (also ohne Personal und ohne Berücksichtigung der Reiseentfernung) Tötungs- und Verletzungsfälle entfielen. Im Jahre 1890 bzw. 1890/91 stand in dieser Hinsicht Deutschland günstiger als Nordamerika, Frankreich und Österreich-Ungarn da, im Durchschnitt 1890—1899 stand es auch gegenüber England günstig da. Wenigstens die Gefährdung der Reisenden war in Deutschland geringer, wogegen England relativ weniger Tötungen und Verletzungen des Personals aufzuweisen hatte als Deutschland.[3]) Leider sind tatsächlich auf den Eisenbahnen überall die Bediensteten größerer Gefährdung ausgesetzt. Rechnet man die Unglücksfälle, welche Reisende und Bedienstete trafen, zusammen, so sind in Deutschland auf den voll- und schmalspurigen Bahnen im Jahre 1907 1274 Personen getötet, 2796 verletzt worden.[4]) In Verringerung der Zahl solcher Unglücksfälle steht dem technischen Fortschritt noch immer ein ergiebiges Feld der Betätigung offen.

---

1) Vgl. Sax II, S. 8. Die Ziffern sind nach Grundsätzen der Wahrscheinlichkeitsberechnung umgerechnet.
2) Vgl. v. d. Borght, S. 19, Anm. 4.
3) Vgl. Röll, Enzyklopädie, Bd. VII, S. 3294 und 3395. Vgl. ferner S. 248 bis 251 des offiziellen Werks: Die Verwaltung der öffentlichen Arbeiten in Preußen 1890 bis 1900, Berlin 1901.
4) Vgl. Stat. Jahrb. f. d. Deutsche Reich 1909, S. 117. — Hierbei sind die Selbstmörder (309 Personen) nicht miteingerechnet. Die innerhalb 24 Stunden nach dem Unfall Verstorbenen sind den getöteten Personen zugerechnet.

III. Wirkungen der modernen Verkehrsmittel auf die einzelnen Zweige des Erwerbslebens im besonderen.

1. Landwirtschaft.

Die sorgfältigste Beachtung verdienen die Wirkungen der modernen Verkehrsmittel auf die Landwirtschaft. Sax drückt das Ergebnis kurz so aus: Die Weltwirtschaft wurde auf das Gebiet der Rohprodukte ausgedehnt.[1]) Welche Ausdehnung die Transportfähigkeit des Getreides gefunden hat, geht aus folgendem Beispiel hervor. Nimmt man den Preis des Getreides am Konsumtionsort mit 12 Mk. pro 100 kg an und legt man russische Erfahrungen zugrunde, so ergibt sich folgendes:

Die Achsfracht betrug auf kurze Entfernungen 15,4 bis 20,6 Pf. pro Tonnenkilometer und zehrte dann bei den höchsten Sätzen bei weniger als 600 km Transport den Wert des Getreides auf. Bei längeren Transporten fiel die Achsfracht auf 12 Pf. pro Tonnenkilometer und zehrte dann bei 1000 km den Wert des Getreides auf. Die Bahnfracht betrug anfangs 5, später durchschnittlich in Rußland 2,42 Pf. pro Tonnenkilometer; die Entfernung, bei welcher die Fracht 12 Mk. pro 100 kg beträgt, steigt damit auf 2400, bzw. 5000 km.[2]) Vor dem Aufkommen der Eisenbahnen trugen in denjenigen Binnengegenden, die nicht mit Wasserstraßen erreichbar waren, die örtlichen Verbraucher allein das volle Risiko der Ernten. Die Preisbewegung vollzog sich in den verschiedenen Distrikten unabhängig voneinander. Ein Ausgleich der Ernteergebnisse und der Preise für die von Wasserstraßen abgelegenen Binnenplätze war sehr schwer möglich. Es kam vor, daß in der einen Provinz Hunger herrschte, während in der anderen die überreiche Ernte ungenutzt verdarb. War in dem einzelnen Distrikte die Ernte reichlich ausgefallen, so sanken die Preise daselbst heftig. Der Landwirt war jedoch für die schlechten Preise durch die Menge der geernteten Frucht entschädigt. Fiel die Ernte ungünstig aus, so stiegen die Preise

---

1) Vgl. Sax II, S. 15.

2) Im Jahre 1895 kam nach Königsberg per Eisenbahn aus Rußland Roggen aus Entfernungen bis 2401—2500 Werst, Weizen aus Entfernungen bis 2501—2600 Werst (1 Werst = 1,067 km). Vgl. P. Weryho, Die Getreide- und Mehl-Eisenbahntarife Rußlands. (Bd. 89 der Schriften des Vereins für Sozialpolitik, S. 261.) — Vgl. auch E. v. Philippovich, Volkswirtschaftslehre, Bd. II, S. 297. Freiburg 1899.

enorm. Die hohen Preise entschädigten dann den Landwirt für die geringe Menge der geernteten Frucht. Das einzige Mittel, den Konsumenten davor zu schützen, daß auf ihn das volle Risiko des Ernteausfalles abgeschoben wurde, schien damals die Errichtung öffentlicher Kornmagazine zu sein, die in Jahren des Überflusses Getreide aufsparten, um es wohlfeil in Jahren des Mangels an die ärmere Bevölkerung abzulassen.[1]) Diese Kornmagazine sind überflüssig geworden, wo die Eisenbahnen eindringen. Eine gesicherte Welternährung ist erreicht. Die Ernteüberschüsse der Welt werden mit den Hilfsmitteln, die der Telegraph und der Dampftransport bieten, schleunig überallhin dirigiert, wo immer zahlungsfähige Abnehmer zu erwarten sind. Die regelmäßige und wohlfeile Versorgung dichtbevölkerter Industriebezirke und solcher Großstädte, die nicht am Meere oder an schiffbaren Flüssen liegen, durch andauernde Nahrungsmittelzufuhr ist jetzt erst sichergestellt. Die Heftigkeit der jährlichen Preisschwankungen der Lebensmittel ist gemildert. Die Preisbewegung am Londoner Getreidemarkt steht heute täglich im Zusammenhang mit den Nachrichten aus Chicago und den indischen Exportplätzen, ferner mit der Preisbildung in Rußland und Rumänien und Argentinien und wirkt wieder auf die Preisbildung auch im zollgeschützten Markte von Frankreich und Deutschland zurück. Jetzt erst, nachdem die Eisenbahnen seit den sechziger Jahren des 19. Jahrhunderts den Westen der Vereinigten Staaten, später die fruchtbaren Gebiete Rumäniens, Rußlands[2]), Kanadas, Argentiniens aufgeschlossen haben, bildet sich eine heftige Weltkonkurrenz in landwirtschaftlichen Erzeugnissen heraus. Es entwickeln sich dünn besiedelte überseeische Distrikte mit billigen Bodenpreisen zu Ländern, deren Eigentümlichkeit in den Austauschverhältnissen der Weltwirtschaft ist, „Agrar-Exportstaaten" zu sein. Eine große Schwierigkeit stellt sich durch die Konkurrenz dieser Agrarausfuhrgebiete für die Landwirtschaft in Ländern alter Kultur heraus, besonders da, wo aus irgend welchen Ursachen die Landwirtschaft es nicht zu ermöglichen vermag, den

---

1) Die Korn- und Brottaxen ohne Magazinpolitik halfen sehr wenig. Vgl. im übrigen Sax II, S. 17—28.

2) Der Umfang des russischen und finnischen Eisenbahnnetzes in Europa betrug:

1840	26 km	1880	23 857 km
1860	1 589 ⋅	1890	30 957 ⋅
1870	11 243 ⋅	1907	58 385 ⋅

Vgl. HWB. Bd. III. S. 901.

Konkurrenzkampf mit Verbilligung ihrer Produktionskosten zu bestehen. Es gibt eine neue, für den Landwirt ungünstige Kombination, die man, solange man ein örtliches Monopol besaß, nicht kannte: geringe Ernte eines einzelnen Distrikts und niedrige Preise ebendaselbst infolge des reichlichen Angebots auf dem Weltmarkt. Die Sorgen, die man früher über die Schwierigkeit der Welternährung bei zunehmender Bevölkerung gehabt hatte, treten zunächst völlig in den Hintergrund. Neue Sorgen treten auf. Während der Austausch zwischen den entferntesten Völkern auch in Nahrungsmitteln ausgebildet wird, entwickelt sich von Zeit zu Zeit gegenüber dem zahlungsfähigen Bedarf die Herstellung landwirtschaftlicher Erzeugnisse überschnell. Außer dem Getreide wird auch lebendes Vieh und Fleisch Welthandelsartikel. Eine Versendung im großen auf weite Entfernungen findet ferner in Erzeugnissen des Obstbaues, Gemüsebaues, in Eiern, selbst in Butter nunmehr statt. Die Technik, leicht verderbliche Lebensmittel durch Konservierungsmethoden transportfähig zu machen, macht fortwährend Fortschritte und verschärft die agrarische Konkurrenz. Dennoch macht sich nicht für alle landwirtschaftlichen Produkte die Wirkung der Weltkonkurrenz gleichmäßig fühlbar. Während die Wollschafzucht der alten Kulturländer durch die überseeische Konkurrenz zurückgedrängt wird, bleibt die Fleischschafzucht, besonders wenn es sich um sehr gute Qualitäten handelt, möglich. Die Rindviehmastung bleibt konkurrenzfähig. Die Milchwirtschaft, der Bau feinerer Gemüse, die Geflügelzucht, die Schweinehaltung im Umkreis großer und kleiner Städte behält einen Vorsprung vor der Konkurrenz entfernterer Gebiete. Derjenige Landwirt, welcher die nötige Vorbildung und das nötige Betriebskapital besitzt, um die gewaltigen technischen Fortschritte der letzten zwanzig Jahre sich anzueignen, findet die modernen Verkehrsmittel hilfreich für den Fortschritt. Der Bezug von Kunstdünger ist ihm verbilligt, die Versendung der mannigfaltigsten Erzeugnisse als Stückgut oder in Postpaketen an den Konsumenten direkt ist ihm erleichtert.[1] Schwere Zeiten dagegen harren derjenigen, die an der herkömmlichen Technik, welche die Landwirtschaft seit Jahrhunderten beherrscht hatte, zähe festhalten, sei es, weil ihnen die Schulung fehlt, die Landwirtschaft unter Aus-

---

1) Sehr lehrreiche Anregungen, wie die direkte Versorgung des Publikums durch einheimische Landwirte im beiderseitigen Interesse zu fördern wäre, gibt auf Grund ausländischer Erfahrungen O. de Terra, „Im Zeichen des Verkehrs", Berlin 1899, S. 58ff.

nutzung aller Fortschritte zu betreiben, sei es, weil ihnen die Betriebsmittel oder die klimatischen Voraussetzungen fehlen, um sich den veränderten Erwerbsbedingungen anzupassen, sei es endlich, weil sie zu teuer gekauft haben. Zwei Tendenzen ringen nunmehr in der Landwirtschaftspolitik der Alten Welt miteinander, sobald man den Schwierigkeiten begegnen will, die unleugbar die Umwandlung der Verkehrsmittel für den herkömmlichen Betrieb gebracht hat. Das eine Rezept zur Abhilfe lautet: Künstliche Aufrechterhaltung hoher Preise durch Zollschutz und Bekämpfung von Verkehrsfortschritten gegenüber der Konkurrenz billiger produzierender Länder und Beibehaltung der alten Besitzverteilung und Produktionsrichtung; das andere Rezept, welches allerdings weit weniger beliebt zu sein pflegt, lautet: Anpassung an die Umwandlungen der Weltwirtschaft durch Verbilligung der Produktionskosten und Ausnutzung der modernen Verkehrsmittel mittels rationelleren Absatzes der Erzeugnisse, endlich Betrieb vorzugsweise desjenigen Zweiges der Landwirtschaft, für den jeweilig der Standort bei heutigen Verkehrsverhältnissen sich nicht nur technisch, sondern auch wirtschaftlich am günstigsten zeigt.

2. Forstwirtschaft.

Vergleicht man die Wirkungen, welche die Verkehrsfortschritte des 19. Jahrhunderts auf die Forstwirtschaft gehabt haben, mit denjenigen auf die Landwirtschaft, so ist zunächst festzustellen, daß allerdings auch die Holzproduktion nunmehr in die Weltwirtschaft verflochten wird, daß aber beim Landtransport per Eisenbahn die heutigen Frachtkosten für gewöhnliches Holz doch weit eher den Wert des Produktes aufzehren als bei Getreide, Handelsgewächsen, Eiern, Butter und anderen landwirtschaftlichen Erzeugnissen.[1]

1) Prof. Endres wies 1897 darauf hin, daß, solange der Eisenbahntarif für Rundholz einen Streckensatz von 3 Pf. pro Tonnenkilometer aufweise, russisches Rundholz nicht zu Lande nach Rheinland-Westfalen (900 bis 1000 km von der russischen Grenze) transportiert werden könne, selbst wenn die Russen uns das Holz schenken würden (Fracht 282—312 Mark pro Waggon, möglicher Verkaufspreis der Ladung nur 250 bis 300 Mark). Ganz anders sei aber die Frage zu beantworten, sobald etwa die Sätze niedriger Staffeltarife angewendet würden. (Vgl. Bericht über die XXV. Versammlung deutscher Forstmänner in Stuttgart. Berlin 1898, S. 113, 114.) Vgl. ferner HWB., 2. Aufl., III, S. 1141ff. und 1179ff.; Endres, Forstpolitik, 1905, S. 737ff.

Faßt man einige der naheliegenden Wirkungen der modernen Verkehrsmittel auf die Forstwirtschaft zusammen, so dürften folgende in Betracht kommen:

a) Zurückdrängung des Brennholzes durch Konkurrenz der Steinkohle, wo immer die Steinkohle transportfähig ist. Hiermit hängt der Rückgang der Rentabilität der Buchenwaldungen zusammen.

b) Gewaltige Steigerung der Absatzfähigkeit der Nutzhölzer, sowohl der Bauhölzer wie der für die Tischlerei in Betracht kommenden Hölzer, auch der Nutzhölzer für Bergbaubetrieb, ferner der für Holzschliff- und Zellulosefabriken erforderlichen Hölzer.

c) Ansiedelung der auf nachhaltige Holznutzung angewiesenen holzverarbeitenden Gewerbe in solchen Wäldern, wo früher Holz unverwertet blieb oder wo es ehemals den holzverwüstenden kleinen Glashütten und Eisenhämmern zum Opfer fiel. Durch die industrielle Nachfrage, die wieder dank der Transportfähigkeit der aus Holz gewonnenen Fabrikate möglich ist, wird im 19. Jahrhundert eine Verkürzung der forstlichen Umtriebsfristen rentabel. Im gleichen Sinne der Verkürzung der Umtriebsfristen wirkt die Abnahme der Nachfrage nach Starkhölzern, die sich überall da vollzieht, wo die modernen Transportmittel die Versendung von Eisen als Baumaterial statt der Starkhölzer gestatten. Dies wirkt um so mehr, da gleichzeitig die Transportfähigkeit der Produkte der Sägeindustrie gewaltig gesteigert wird und die Sägeindustrie vor allem nach mittelstarken Hölzern eine lebhafte Nachfrage entwickelt.

d) Wo immer die Seeversendung, ferner der Binnenwassertransport durch Flößerei oder zu Schiff möglich ist, da wird Holz von allen Gegenden der Welt nach denjenigen alten Kulturländern versendet, die die höchsten Holzpreise haben und dadurch lohnende Märkte darstellen. Eine Menge ausländischer Hölzer, wie das Mahagoniholz, könnte unsere Möbeltischlerei gar nicht mehr entbehren. Beim Eindringen anderer Hölzer, z. B. des argentinischen Quebrachoholzes, erhoben dagegen die Besitzer der bedrohten Eichenschälwaldungen in Deutschland heftige Klage. Eine Anpassung durch veränderte Produktionsrichtung ist bei der Forstwirtschaft — im Gegensatz zur Landwirtschaft — in kürzeren Zeiträumen kaum durchzuführen. Doch liegt für längere Zeiträume eine solche Anpassung im Übergang zu überwiegendem Nadelholzanbau statt Laubholzanbau und der bereits erwähnten Verkürzung der Umtriebsfristen vor.

3. Bergbau und Industrie.

Die Wirkungen der modernen Verkehrsmittel auf Bergbau und Industrie sind wohl sehr viel im besonderen und im allgemeinen erwähnt worden. Aber eine völlig befriedigende wissenschaftliche Zusammenfassung dessen, was bis zum Ausgange des 19. Jahrhunderts zu beachten ist, fehlte leider bis jetzt.[1]) Mangels solcher Vorarbeiten müssen wir uns auf einige besonders naheliegende Bemerkungen beschränken:

a) Die Kohle liefert nicht nur den Eisenbahnen bis jetzt fast ausschließlich das Brennmaterial zur Erzeugung der Dampfkraft, sie ist auch das wichtigste Beförderungsgut der Eisenbahnen geworden. Nahezu 41 Proz. des Gewichts aller im Jahre 1907 auf deutschen Eisenbahnen beförderten Frachtgüter entfiel auf Steinkohlen, Braunkohlen, Koks und Briketts.[2])

b) Wie die Steigerung der Transportfähigkeit der Kohle die Steigerung des Kohlenverbrauchs und damit einen gewaltigen Aufschwung des Bergbaues ermöglicht, so beeinflußt nunmehr mit dem Durchdringen des automatischen Großbetriebs das Vorkommen der Kohle, bzw. die Kohlenfracht als eine Hauptursache den Standort der großen Industrien.

Die hergestellten Produkte sind mit heutigen Transportmitteln, auch wenn es Massenartikel sind, in die ganze Welt zu versenden. Fehlt aber wohlfeile Kohle bei der Herstellung, dann ist die Entstehung oder die Erhaltung einer Großindustrie in Frage gestellt, auch wenn die eifrigste Schutzpolitik eine Industrie aufzüchten möchte, es sei denn, daß man Wasserkräfte nutzbar zu machen und durch Elektrizität die Energie zu übertragen vermag.[3])

---

1) Die Untersuchungen von Sax II, S. 56 ff., waren sehr verdienstvoll. Manches in diesen vor zwanzig Jahren angestellten Untersuchungen ist aber heute veraltet. Von neueren Untersuchungen gehört dasjenige zum Besten, was Weber, The growth of cities, S. 185 ff. gibt. Vgl. neuerdings das S. 132 Anm. 2 zitierte Werk von Alfr. Weber.

2) Von 363,9 Millionen Tonnen Frachtgütern (einschließlich Vieh) entfielen auf Steinkohlen, Koks und Steinkohlenbriketts 119,197, auf Braunkohlen, Braunkohlenbriketts usw. 29,863 Millionen Tonnen. Vgl. Stat. Jahrb. f. d. Deutsche Reich, 1909, S. 119, 120.

3) In Italien, Schweiz usw. werden die Wasserkräfte angesichts der Kohlenarmut ein immer bedeutsamerer Faktor der industriellen Kraftbeschaffung. Neuerdings werden sie in Bayern auch für den Eisenbahnbetrieb als bedeutsam erkannt.

c) Eine große Erniedrigung der Preise beliebig vermehrbarer Waren ist herbeigeführt worden, erstens, indem die Beschaffungskosten durch die Frachtverbilligung sanken, zweitens, indem kostspieligere Produktionsmethoden beim Wegfall des Schutzes, den schlechte Verkehrsmittel boten, sich gegenüber dem technischen Fortschritt nicht zu halten vermochten. Im Zusammenhange hiermit ist eine Verlegung des Standorts wichtiger Gewerbe fortwährend zu beobachten. Einerseits sterben ungünstig gelegene Betriebe ab, die — durch örtliche Abgeschlossenheit bei schlechten Verkehrswegen und durch ältere Rechtsbestimmungen geschützt — jahrhundertelang in technischem Stillstand verharrt hatten: die kleinen Mühlen auf dem Lande, die Eisenhämmer im Mittelgebirge[1]), die ländlichen Brauereien und — so ferne nicht eine besondere Gesetzgebung sie künstlich schützt — die ländlichen kleineren Brennereibetriebe.

Anderseits vollzieht sich auch an günstigen Standorten des Gewerbes eine durchgreifende Umwälzung der Wirtschaftsverfassung: Vor allem ergreift diese die Gewerbezweige, in welchen früher das zünftige Handwerk arbeitete. Keine Wiederherstellung alter Privilegien kann den Handwerker, wo er teurer als die Fabrik produziert, vor der Konkurrenz schützen, die ihm die anderwärts billig hergestellte Ware macht, sobald wohlfeile Verkehrsmittel deren Eindringen in seinen früheren Absatzkreis ermöglichen. Auch eine Spezialisierung der Produktion wird — wie Say treffend hervorhebt — durch die modernen Verkehrsmittel begünstigt.

Sehr verschieden wird dagegen die Frage beantwortet, ob notwendig eine Konzentration der Produktion in wenigen Distrikten der Welt, an den jeweilig günstigsten Standorten, die Folge der modernen Verkehrsmittel sein müsse.

Abgesehen davon, daß die Schutzpolitik vieler Staaten und die Tarifpolitik da, wo Staatseisenbahnen vorhanden sind, mehrfach dieser Tendenz zur Konzentration mit zeitweiligem Erfolg entgegenarbeiteten, begegnen auch in Privatbahngebieten[2]), z. B. im Westen

---

1) Die Eisenindustrie sucht die Gebiete auf, wo sich Kohlen in der Nähe der Erze finden, die Großmüllerei blüht am Mississippi, an der Donau, am Rhein und am Meere empor, wo sich wohlfeiler Bezug großer Getreidemassen ermöglichen läßt.

2) Vgl. auch die sehr lehrreichen Ausführungen über neuere Erscheinungen, die dem Zusammendrängen der Gewerbe in Großstädten entgegenwirken, bei Weber, The growth of cities, S. 202 ff.

Nordamerikas, sehr beachtenswerte Bestrebungen, Industrien in
bisher rein landwirtschaftliche Gegenden zu verpflanzen und dadurch
einer vollkommenen Zentralisation entgegenzuarbeiten.[1])

d) Überhaupt ist es um so schwieriger, die Beobachtungen über
die Wirkungen der modernen Verkehrsmittel auf eine allgemeine
Formel zu bringen, je mehr man die Mannigfaltigkeit der wirklichen Erscheinungen würdigt. Kein Zweifel, die früheren engen
Schranken von Zeit und Raum sind gesprengt, die Versandfähigkeit
der Güter ist riesig gesteigert. Aber deshalb sind die Frachtunter-
schiede zugunsten des Inländers gerade wie in der Landwirtschaft
so auch in der Industrie und im Bergbau durchaus nicht bedeutungslos geworden. In der heftigen Konkurrenz am Weltmarkt sind vielmehr jetzt die Frachtkosten erst recht eines der wichtigsten Momente
unter den Selbstkosten. Und doch gelingt es wieder der Tatkraft
der Menschen, Weltindustrien gerade mit Hilfe der heutigen Verkehrsmittel da aufrecht zu erhalten, wo keineswegs alle Rohmaterialien
beieinander sind. Die englische Baumwollindustrie versorgt die entferntesten Gegenden; daheim findet sich wohl die Kohle, aber nicht die
Baumwolle. Die Marmeladeindustrie Schottlands bereitet ihr
Produkt für den Weltmarkt aus Orangen, die nicht in England er-
zeugt sind, und aus deutschem Zucker. Die oberschlesische Eisenindustrie hat wohl die Kohlen billig am Platze, aber die Hälfte ihrer
Erze muß sie gegenwärtig aus dem Auslande beziehen. Auch die englische und die rheinische Eisenindustrie beziehen Erze zur Beschickung
des heimischen Materials vom Auslande. Eine der lebenskräftigsten
deutschen Exportindustrien, die Wollindustrie, bezieht einen überaus
beträchtlichen Teil ihres Materials aus fernen Gegenden der Welt.
Es fängt zwar neuerdings die Baumwollindustrie in den Ländern,
wo die Baumwolle gewonnen wird, immer mehr an, sich zu entwickeln.
Ob aber damit notwendig die Baumwollindustrien der nördlichen
Länder vom Weltmarkt verdrängt werden, ist mehr als zweifelhaft.[2])

---

1) Bei der Chicago-Milwaukee- und St. Paul-Eisenbahn hat das
Erwerbsinteresse der Bahnverwaltung, da die Landwirtschaft nicht im
ganzen Jahre Frachten und wenig Personenverkehr lieferte, dazu geführt, daß man durch ein Informationsbureau und Gewährung von
Ausnahmetarifen die Ansiedlung von Industriellen aus dem Osten
in großartigster Weise ermuntert hat. Vgl. über ähnliche Maßnahmen
der Erie-Eisenbahngesellschaft und einer andern Bahn „The Railway
Age" vom 14. Juli 1905. Chicago.
2) Die neueste Untersuchung über die Frage gibt Alfr. Weber,
über den Standort der Industrien. I. Teil. Tübingen 1909.

e) Das Hauptergebnis ist: Der Kampf um die wohlfeilsten Erzeugungskosten, welcher in einem Teile des gewerblichen Lebens zwischen 1500 und 1800 sich angebahnt hatte, erfaßt jetzt alle Gewerbzweige. Zu den Umständen, welche nunmehr die Überlegenheit bedingen, gehören billige Frachten für den Bezug der Kohle und des Rohmaterials und für Versendung der Fabrikate. Sie sind aber nicht das einzig Maßgebende. Wo eine technisch hochgeschulte und mit allgemeiner Bildung ausgestattete Arbeiterschaft vorhanden ist, hat man für gewisse Produktionszweige einen Vorsprung. Auch wohlfeile und wirksame Ernährung und gute und billige Wohnungsgelegenheit für den Arbeiterstamm werden Ursachen des Erfolges der Industrie. Nicht die Völker mit niedrigen Löhnen, schlechter Lebenshaltung und den längsten Arbeitszeiten, sondern diejenigen, bei welchen kürzer, aber intensiver gearbeitet und durch die soziale Verfassung die beste Technik nötig gemacht wird: England und Amerika, demnächst Deutschland, machen die größten Fortschritte im Welthandel.[1]) Technische und kaufmännische Schulung und mutiger Unternehmungsgeist der Fabrikanten sowie genügende Ausrüstung mit Betriebskapital kommen hinzu als weitere Vorbedingungen der Fähigkeit der Völker, im schärferen Kampf um den Markt sich zu behaupten.

Wenn im übrigen der Sieg des wirtschaftlich und technisch bestausgerüsteten Unternehmers durch die Verkehrsmittel begünstigt wird, so ist klar, daß dieses Ergebnis von verschiedenem Standpunkte aus verschieden beurteilt wird. Die einen fordern, daß man durch sogenannte Mittelstandspolitik, durch Schutz der kleinen Arbeitgeber, der Wirkung der Verkehrsmittel entgegenarbeite. Die anderen erachten dies als vergeblich und sehen die Verzögerung einer unaufhaltsamen Entwickelung als bedenklich an. Daß die Unternehmer verschiedener Meinung bei verschiedenen Interessen sind, ist begreiflich. Das Arbeiterinteresse fällt jedoch nicht mit dem der Inhaber der künstlich aufrechterhaltenen Betriebe zusammen. Denn nur der aus sich leistungsfähige Betrieb kann günstige Arbeitsbedingungen gewähren, nicht aber der künstlich gestützte. Es ist demnach sehr fraglich, ob es „gemeinwirtschaftlich", d. h. im Interesse der großen Arbeitermassen ist, auf Zersplitterung der Industrie da, wo die Konzentration ökonomisch billigere Produktion gestattet, durch die Tarifpolitik hinzuarbeiten.

---

1) Vgl. hierzu L. Brentano, Über das Verhältnis von Arbeitslohn und Arbeitszeit zur Arbeitsleistung. 2. Aufl. Leipzig 1893.

4. Großhandel und Kleinhandel.

Der kaufmännische Betrieb, besonders in Binnenländern, hat sich unter dem Einflusse verbesserter Verkehrsmittel durchaus verändert und ändert sich weiter. Im Großhandel ist man gewohnt anzuerkennen, daß die Beschleunigung und Verbilligung des Warentransports und die Möglichkeit telegraphischen und schleunigen brieflichen Verkehrs, endlich die Vervollkommnung des Zahlungswesens mittels heutiger Verkehrseinrichtungen unaufhaltsam Änderungen des Herkömmlichen erzwangen, und hat sich darauf einzurichten verstanden. Zahlreiche Zwischenpersonen wurden ausgeschaltet. Der alte Meßhandel, wie er vor Ausbau der Bahnen nach Sibirien noch zuletzt in großem Maßstabe in Nischny-Nowgorod zu beobachten war — dorthin brachte man noch 1894 nicht Muster, sondern Walzeisen in natura, überhaupt die Massengüter zum Stapeln —, wandelt sich um. An Stelle desselben entwickelte sich ein Handel während des ganzen Jahres nach Probe oder — wie im modernen Termingeschäft — nach abstrakten Typen. Wo sich bei modernen Verkehrsmitteln Messen und Märkte erhielten, veränderte sich deren Charakter.

Am engsten hängt die Entwickelung der modernen Börsentechnik mit der Umgestaltung der Verkehrsmittel zusammen.[1] Die größten Händler behelfen sich unter Umständen auch schon ohne Börse mit ihrem großen Apparat von Korrespondenzen; ähnlich die großen Banken durch direkte Ausgleichung der aus ihrem Kundenkreis einlaufenden Verkaufs- und Kaufaufträge in Wertpapieren.

Im Detailhandel, d. h. dem Vertrieb der vom Publikum benötigten Teilquantitäten an die Haushaltungen, fängt die Umwälzung, die sich bei den veränderten Verkehrsmitteln in anderen Erwerbszweigen schon durchgesetzt hat, später an, sich einzuleben. Ein Detaillist im großen, dies erschien früher als unmöglich. Der Großbetrieb im Detailhandel, der Basar, das Warenhaus, das große Spezialgeschäft sind zunächst möglich geworden, wo die Bevölkerungsanhäufung durch die Verkehrsmittel begünstigt wurde. Aber auch außerhalb der Großstädte, in welchen der Großbetrieb des Detailhandels zuerst die kleinen Detaillisten bedrängt, wirkt seine unterbietende Wirkung weiter.

---

1) Vgl. C. J. Fuchs, Die Organisation des Liverpooler Baumwollhandels (in Schmollers Jahrbuch 1890, S. 107ff.) und F. J. Pfleger, Die Produktenbörse (Teil II, von Pfleger u. Gschwindt, Börsenreform in Deutschland). Stuttgart 1896. S. 1ff.

Mit Hilfe der Post versendet der Fabrikant und der große Detaillist seine Muster und Preislisten direkt ans Publikum der kleineren Plätze. Die Ware folgt dann der Bestellung. Die vom Herkommen abweichende Art der Versandhäuser empört den kleinen ansässigen Kaufmann. Oft wird übersehen, was die Ursache ist, weshalb ihm Konkurrenz erwuchs. Es sind die Verkehrsmittel, welche direkte Verständigung zwischen dem Gutsbesitzer, dem Kleinstädter, der bäuerlichen Genossenschaft einerseits und einer wohlfeilen auswärtigen Bezugsquelle anderseits ermöglichen und direkten Bezug der Ware bei Barzahlung gestatten. Auch von den im Detailhandel Stehenden werden, wie von den Gewerbe- und Landwirtschafttreibenden, angesichts der Umwälzungen, zwei Rezepte vertreten, von denen eines das andere ausschließt: künstliche Aufrechterhaltung hoher Preise durch staatlichen Eingriff oder Anpassung an die neuen Verhältnisse durch Steigerung der eigenen Konkurrenzfähigkeit der Bedrohten, indem sie selbst die Vorteile der neuen Verkehrsmittel ausnützen.

5. Schlußbetrachtung.

Groß sind die Umwälzungen, die in den einzelnen Zweigen des Wirtschaftslebens die Verkehrsmittel verursachten; größer noch die Veränderungen in dem gesellschaftlichen und wirtschaftlichen Verhalten und Denken des Menschen selbst, die die Verkehrsumwälzung erzwingt. Ein noch wenig untersuchtes Gebiet der Volkswirtschaftslehre ist die Frage, welche Wirkungen die Verbesserung der Verkehrsmittel auf den Nationalreichtum überhaupt ausübt. Soweit es erlaubt ist, heute schon über diese Frage eine Meinung zu äußern, scheint mir folgendes aus Beobachtungen hervorzugehen. Im gesamten Wirtschaftsleben bedeutet der Verkehrsfortschritt vor allem:

1. eine Spesenverbilligung. Es ist bei beliebig vermehrbaren Gütern und freiem Austausch die Regel, daß in Preisverbilligung dies dem Verarbeiter und schließlich dem Verbraucher zugute kommt;

2. Verbilligung des Verbrauchs wiederum gestattet schon ohne Erhöhung des Geldeinkommens dürftig gestellten Personen, die Befriedigung ihres Bedarfes besser zu gestalten. Aber dank dem Verkehrsfortschritt werden auch neue Bedürfnisse zuerst bei den Wohlhabenderen, dann bei den Ärmeren wachgerufen. Beseitigung früherer Bedürfnislosigkeit und Vermehrung der Ansprüche an das Leben, kurz verbesserte Lebenshaltung kann die Ergiebigkeit der Arbeit steigern. Es ergibt sich bei den Arbeitern ein Streben nach mehr Einkommen und die Möglichkeit größerer Arbeitsintensität;

3. Während der Verkehrsfortschritt die Produzenten an ungünstigem Standort und mit veralteter Technik ausmerzt, die leistungsfähigen stärkt, wird eine massenhaftere Produktion unter günstigeren Bedingungen anderseits ermutigt. Wird mit gleichem Aufwand von Arbeit und Kapital mehr geleistet, so ergibt sich die Möglichkeit, mehr zu konsumieren, mehr einzutauschen, zu akkumulieren und zu produzieren, somit die Möglichkeit vermehrten Reichtums und vermehrte Steuerfähigkeit.

Aber die Wirkung der Verkehrsfortschritte beschränkt sich nicht auf das wirtschaftliche Gebiet. Man würde zwar stark übertreiben, wenn man die völlige Umwandlung der ständischen Ordnung in die auf Gleichberechtigung Aller begründete moderne Gesellschaft, die rechtliche Befreiung des Individuums, die Abkehr vom Herkommen und die Anpassung zum modernen wirtschaftlichen Kampf ums Dasein unmittelbar und allein der Wirkung von Eisenbahnen, Telegraphen und Dampfschiffahrt zuschreiben wollte. Aber mittelbar wirken allerdings die modernen Verkehrsmittel auf eine Umwandlung des Menschen nachdrücklich hin.

Die Überlegenheit der Völker, die ihre Bürger zur äußersten wirtschaftlichen Energie, zur rücksichtslosen Anwendung jedes verbilligenden technischen Fortschritts, zur Selbstverantwortlichkeit und zur Entfaltung aller individuellen Fähigkeiten erziehen, macht sich gegenüber den rückständigen Völkern um so heftiger geltend, je mehr die modernen Verkehrsmittel ein Abschließen gegenüber Neuerungen vereiteln. Die Verkehrsfortschritte machen die Verdrängung der rückständigen, vom Herkommen beherrschten Wirtschaftsbetriebe durch diejenigen Betriebe unabwendbar, in welchen der bewegliche, zur Aneignung jedes Fortschritts bereitwillige Geist des sogenannten modernen Menschen herrscht. Diese Verdrängung findet mit unerbittlicher Notwendigkeit statt. Sie führt zum Untergange nicht nur einzelner Betriebe, sondern ganzer rückständiger Völker, wenn die Menschen nicht rechtzeitig sich auf die unvermeidliche Umwälzung vorbereitet haben.

Auch die deutsche Entwickelung seit 1800 zeigt, daß die neuen Verkehrsmittel einen neuen wirtschaftlichen Geist nötig machten, und daß vieles Überlebte fortwährend von modernen Formen verdrängt wird. Im ganzen offenbarte glücklicherweise Deutschlands Entwickelung, die von der Verkehrsumwälzung 1450—1550 mehr Schaden als Nutzen zog, große Fortschritte und zunehmenden Wohlstand angesichts derjenigen Verkehrsumwälzungen, die die Zeit seit 1800 brachte. Es ist nicht ohne Interesse, diese Vorgänge etwas näher zu prüfen.

Noch um 1800 herrschte in Deutschland die alte ständische Gliederung der Gesellschaft: erbliche Unfreiheit der Bauern, Ausschluß der Bürgerlichen vom Erwerbe der Rittergüter in Preußen, Gebundenheit der landwirtschaftlichen Technik; in den Städten nährte die seit 1500 entartete Zunftverfassung einen engherzigen Monopolgeist in Handwerk und Kleinhandel, eine Neigung zu stumpfem Beharren im alten Geleise und hochgradige Unselbständigkeit des Individuums.

Die Befreiung des Individuums von der alten rechtlichen Fesselung hatte sich wenigstens in England längst vor dem Zeitalter des Dampfes und der Elektrizität durchgesetzt. Der wirtschaftlich rechnende, ohne Rücksicht auf hergebrachte Gewohnheiten nach Gewinn strebende Unternehmer, der jeden Fortschritt schleunigst ausnutzt, begegnet dort bereits im 17. und 18. Jahrhundert. In Deutschland war dagegen nach der rückgängigen Konjunktur im Welthandel, die seit 1550 hereingebrochen war, der Stillstand und die Verknöcherung besonders lange im wirtschaftlichen Leben durch Festhalten an rechtlicher Gebundenheit begünstigt worden. Es war ein großes Glück, daß die alte ständische Ordnung und damit der Geist wirtschaftlichen Stillstandes in Deutschland zusammenbrach, ehe die Verkehrsumwälzung des 19. Jahrhunderts voll wirkte; mit anderen Worten, es war ein Segen, daß die für Deutschland günstigere Konjunktur der Verkehrsverhältnisse und des Welthandels im 19. Jahrhundert ein Geschlecht fand, welches zur nötigen Anspannung aller Kräfte einigermaßen vorbereitet war.

Mit hörigen und leibeigenen Landleuten, mit gewerblichen Arbeitern, denen auch bei größtem Talent und Erfindungsgeist das Aufsteigen in eine höhere Schicht versagt war und denen jede Teilnahme an Bestrebungen zur Hebung ihres Standes verboten war, mit Kleinmeistern, die jeden Konkurrenten vom Wettbewerb auszuschließen, jeden technischen Fortschritt zu hindern bestrebt waren, hätten die Fortschritte der landwirtschaftlichen Technik, die erfreulicherweise sich immer mehr verbreiten, hätten die gewaltigen Leistungen unserer Industrie und unseres Handels sich nimmermehr erreichen lassen.

Noch wirken die Jahrhunderte der Unfreiheit der Voreltern in manchem bei den heutigen bürgerlichen Enkelkindern nach; noch nicht ist im deutschen Volke der Prozeß der Umwandlung des Menschen vom alten zum neuen Zustand überall vollendet; vielfach ist eine Gesinnung geblieben, die von Privilegien und Monopolen statt von

Anspannung der eigenen Kräfte und genossenschaftlichem Zusammenschluß bei den Umwälzungen des Wirtschaftslebens Rettung hofft: es bleiben somit der Zukunft vielfache Aufgaben der Erziehung des Menschen im Sinne der Fähigkeit zur Selbstverantwortung und der Entfaltung möglichst aller Gaben.

Aber der wirtschaftliche Kampf ums Dasein unter den Völkern, den die modernen Verkehrsmittel fortwährend anfachen, zwingt von selbst dazu, daß kein Stillstand und Rückschritt in der durch die Befreiung des Menschen angebahnten Steigerung der wirtschaftlichen Leistungsfähigkeit eintrete. Insbesondere bewirkt auch der durch die Verkehrsmittel verschärfte Kampf der Völker ums wirtschaftliche Dasein, daß alle Versuche einzelner Sonderinteressenten, weitere Verkehrsfortschritte und Umwälzungen zu hindern, schließlich zusammenbrechen. Denn die Verkehrsmittel sind im wirtschaftlichen Kampfe der Völker gerade so ein Teil der Rüstung, wie die modernen Feuerwaffen in militärischem Kampfe.

Die wirtschaftlichen Interessenten haben sich oft gesträubt, Neuerungen, die der Techniker anbot, sofort zu verwerten. Ebensosehr durch das militärische Interesse wie durch wirtschaftliche Momente wurde der technische und auch der Verkehrsfortschritt oft erst eingebürgert. Der Militäringenieur war der älteste Ingenieur. Heute wird jeder Fortschritt von den Militärs der verschiedenen Nationen nutzbar gemacht, wo rückständige Wirtschaftsinteressen sich noch den Anregungen des Technikers entgegenstellen möchten. Die Völker, welche die Fortschritte der Technik im friedlichen Erwerbsleben zurückweisen, geraten auch in ihrer finanziellen Leistungsfähigkeit, die eine der Grundlagen der militärischen und seemännischen Macht bildet, gegenüber den fortschreitenden in eine schwächere Stellung. Das Fortschreiten in Verkehrsleistungen und Verkehrstechnik bedeutet eine Existenzfrage im Kampfe um die Behauptung der nationalen Selbständigkeit und der nationalen Kultur gegenüber anderen Völkern. Möge Deutschland in der Verwertung der Errungenschaften der Technik, speziell auch im Verkehrsleben, nie hinter anderen Völkern zurückstehen, nie zum Stillstand sich verleiten lassen!